As 7 Leis Espirituais dos SUPER-HERÓIS

DEEPAK CHOPRA
com Gotham Chopra

As 7 Leis Espirituais dos SUPER-HERÓIS

Tradução
Alexandre Martins

Lafonte

Título original: *The Seven Spiritual Laws of Superheroes*

Edição brasileira

Coordenadora de produto *Daniella Tucci*
Coordenação editorial *Elaine Barros*
Preparação de texto *Walkíria De Felice*
Revisão *Eliel Silveira Cunha*
Capa *Ana Dobón*
Diagramação *Linea Editora Ltda.*

Dados Internacionais de Catalogação na Publicação (CIP)
(Câmara Brasileira do Livro, SP, Brasil)

Chopra, Deepak
As sete leis espirituais dos super-heróis / Deepak Chopra ; tradução Alexandre Martins. – São Paulo : Lafonte, 2012.

Título original: Seven spiritual laws of superheroes
ISBN 978-85-7635-918-0

1. Autorrealização (Psicologia) – Aspectos religiosos 2. Espiritualidade 3. Super-heróis – Aspectos religiosos I. Título.

12-00186 CDD-204

Índice para catálogo sistemático:

1. Super-heróis nas histórias em quadrinhos : Aspectos religiosos 204

1ª edição brasileira: 2012
Direitos de edição em língua portuguesa, para o Brasil, adquiridos por Editora Lafonte Ltda.

Av. Profa. Ida Kolb, 551 – 3º andar – São Paulo – SP – CEP 02518-000
Tel.: 55 11 3855-2294 / Fax: 55 11 3855-2280
atendimento@larousse.com.br • www.editoralafonte.com.br

Sumário

Prefácio

Eu li minha primeira história em quadrinhos quando tinha uns 6 anos de idade. Meu pai me deu com a seguinte instrução: "Aqui, leia isto. A coisa mais importante que você irá aprender é como contar grandes histórias".

Ao contrário do que poderia parecer óbvio considerando-se meu nome, a revista na verdade não era *Batman* (Gautama, Gotama ou, na minha grafia anglicizada, Gotham é o nome original de Buda — não tenho ideia de como levou a Gotham City), e posso afirmar que apenas recentemente meu pai se tornou um fã do Cavaleiro das Trevas. Aquela primeira história em quadrinhos era sobre o Senhor Krishna, um dos mais amados deuses da Índia.

Eu? Adorei!

Ao longo dos anos eu acumularia mais antigas revistas indianas sempre que minha família viajava à nossa terra ancestral na Índia para visitar meus avós que viviam lá. Havia centenas dessas revistas contando todas as grandes histórias de deuses e deusas indianos, reis e rainhas, invasores e libertadores, guerreiros e sábios, e eu e meus primos colecionávamos todas. Ao chegar à adolescência, acabei me apaixonando pelos quadrinhos ocidentais — *Batman*, *Super-homem*, *Homem-Aranha*, *X-Men* e todo o resto. Estudei Alan Moore, Stan Lee e outros visionários do mundo relativamente obscuro de contar histórias em quadrinhos.

Enquanto isso, meu pai liderava uma investida, levando o Oriente para o Ocidente, incluindo em nosso vocabulário palavras como ioga e *chai* e ideias como carma e mantras. Eu percebi, claro. Como evitar?

Mas então nossos mundos começaram realmente a se cruzar. Em uma aula de cinema na faculdade eu vi novamente *Guerra nas Estrelas*. "Use a força, Luke (...)" fez sentido. Assim como Morpheus em *Matrix*: "O mundo é uma ilusão".

Mais recentemente, *Heroes*, *Lost*, *O Cavaleiro das Trevas*, entre muitos outros programas de televisão e filmes icônicos, remeteram a muitas das ideias presentes nos livros de meu pai nas últimas duas décadas. E é uma via de mão dupla. Há dois anos, quando mediei um debate na Comic-Con de San Diego entre meu pai e o ícone das histórias em quadrinhos Grant Morrison, um dos espectadores perguntou a meu pai sobre "consciência quântica". Ele se virou e olhou para mim com os olhos arregalados e um grande sorriso. Eu sabia no que ele estava pensando: encontrara a sua turma.

Com tudo isso em mente, quando há algum tempo estava com meu pai (e sendo eu mesmo pai) discutindo o ponto instável em que nosso planeta parece estar se equilibrando, lembrei que havia sido ele quem me apresentara pela primeira vez aos quadrinhos, além de me dar o claro aviso de que desempenhariam um papel central na *coisa mais importante que eu iria aprender*.

Desta vez não vou perder a oportunidade de descobrir por quê.

GOTHAM CHOPRA

Introdução

Quando meus filhos Malika e Gotham estavam crescendo, tínhamos um ritual toda noite antes de dormir. Eu contava a eles uma história, geralmente algum mito envolvendo o bem contra o mal, a natureza ou os animais falantes. No momento em que havia um gancho, quando a história atingia o clímax em que o personagem principal tinha de confrontar sua Nêmesis, enfrentar um desafio dramático ou tomar uma decisão crítica, eu parava. Então pedia que durante a noite eles sonhassem com o final da forma mais dramática possível. Assim orientados, eles iam dormir preparados para uma aventura. De manhã, quando acordavam e iam para nossa cama, eu pedia que me contassem seus sonhos. Escutava pacientemente enquanto narravam suas epopeias. Ficava espantado com a imaginação fértil e as magníficas jornadas em que embarcavam na madrugada. Com frequência suas histórias me lembravam os grandes mitos da humanidade — histórias épicas de bem contra o mal, romance e drama, traição, lealdade, conflito, conquista, virtude e vício, muitas emoções e experiências que eles mesmos não haviam ainda encontrado em sua vida jovem. Estaria a mente inocente dele vasculhando o profundo reservatório da imaginação coletiva?

O grande psicólogo suíço Carl G. Jung chamou nossa atenção para o inconsciente coletivo e seus símbolos arquetípicos. Os mitos existem nesse "registro akáshico", um plano não local de existência em que a informação, e neste caso a imaginação coletiva, é estocada e a partir do qual recriada geração após geração. Os mitos são o mais próximo que conseguimos chegar de conceitualizar o não conceitual — o infinito. São a mais alta expressão do finito — da luta para articular o infinito. Essas histórias são primordiais; capturam o transcendente e o revestem de começos, meios e fins. Com frequência as histórias são similares, mas adotam máscaras e trajes modernos. Têm uma trama simples e personagens irresistíveis, e muitas vezes retratam a luta eterna entre bem e mal, sagrado e profano, divino e diabólico. Os bons continuam a ganhar, mas nunca vencem de verdade. Os maus costumam perder, mas às vezes dão a impressão de que venceram. Na verdade, nenhum dos lados realmente vence ou perde, e a história nunca termina. Essa é a dança entre criatividade e inércia, entre evolução e entropia.

Mais tarde, à medida que as crianças cresciam, quando voltava de viagens à minha antiga terra na Índia levava para elas malas cheias de revistas em quadrinhos locais que recontavam os grandes épicos de nossa herança indiana. Isso, claro, estimulou ainda mais a imaginação deles, já que as grandes histórias de inúmeros deuses e deusas, imperadores e conquistadores eram apresentadas vivamente nas páginas dos quadrinhos. Gosto de pensar que tudo isso desempenhou um forte papel no fato de que tanto Malika quanto Gotham se tornaram grandes contadores de histórias.

No ensino médio, Gotham nunca foi o aluno das notas mais altas, mas sua criatividade era evidente, e essa tendência se manteve no ensino superior, quando estudou na Universidade Colúmbia, em Nova York. Como sempre, preferi dar apoio às áreas pelas quais ele demonstrava interesse a me preocupar com suas notas nas áreas em que parecia desinteressado. Estimulei suas investigações universitárias em religião comparada, literatura e cinema. Formados, ele e seu amigo Sharad Devarajan tiveram a ideia de revisitar algumas das histórias indianas narradas naqueles velhos quadrinhos e apresentá-las ao mundo.

Juntos, começaram a recrutar na Índia jovens roteiristas e desenhistas — um dos quais se chama Jeevan Kang e cujos trabalhos originais aparecem nas páginas deste livro. Como Jeevan, esses artistas independentes eram na maioria jovens que acabariam como prestadores de serviço de grandes estúdios ocidentais, mas que em vez disso se empolgaram com a ideia de usar sua criatividade e inventar novos personagens e histórias. Em pouco tempo Gotham e Sharad buscaram apoio financeiro com *sir* Richard Branson e fundaram uma empresa de quadrinhos chamada Virgin Comics. Hoje, depois de anos construindo a empresa dentro do grupo Virgin, ela é majoritariamente propriedade de Gotham e Sharad, com o nome de Liquid Comics. Gotham, Sharad e os criadores que eles reuniram produzem grandes mitos modernos e desenvolvem histórias além da mídia impressa, que passam para mídia digital, filmes, videogames e muito mais. Alguns de seus projetos são em colaboração com cineastas como John Woo, Guy Ritchie, Shekhar Kapur e Wes Craven.

Este livro é uma evolução, um ápice e um amálgama de tudo isso. Em muitos sentidos, eu o vejo como fruto da depuração de anos de minhas ideias, investigações, de minha compreensão da consciência e da construção de mitos, fundidos aos de Gotham e como uma nova geração de criadores e contadores de histórias. Eu me orgulho muito da ideia de que novamente, como há tantos anos, comecei histórias cheias de elementos e personagens arquetípicos e escuto enquanto meu filho e outros em parceria comigo as levam a novas alturas grandiosas. Isso é coerente com minha crença em que mitos reais e duradouros e os personagens que os povoam nunca são gerados por um único criador. Eles surgem daqueles campos universais fruto de éons de sonhos, aspirações, medos e imaginação humanos e estão em constante transformação e evolução.

Este livro é a história da moderna criação de mitos e da criação de novos super-heróis que transcenderão identidades nacionais e étnicas. Esses super-heróis são desesperadoramente necessários para solucionar nossas atuais crises em um mundo tomado por conflito, terror, guerra, ecodestruição e injustiças sociais e econômicas. Os personagens e as qualidades gerados e descritos são especiais e pioneiros; são a síntese de minha própria reflexão e, igualmente importante, a compreensão de Gotham e de sua geração, que foram inspirados pelos maiores super-heróis, orientais e ocidentais, de Buda a Batman, e os emularam.

As Sete Leis Espirituais dos Super-heróis teve como inspiração meu livro *As Sete Leis Espirituais do Sucesso.* Tentei retirar da essência desse livro o que se aplica à próxima geração daqueles que buscam a espiritualidade. Também é um livro sobre minha própria jornada enquanto ensinava a Gotham os super-heróis da Índia e em troca aprendia com ele sobre os super-heróis dos Estados Unidos.

Novos super-heróis devem se expressar na linguagem de nosso tempo e ter apelo a uma nova geração, embora não possam ser propriedade ou limitados por qualquer um de nós. Vivemos em uma época difícil, e numa encruzilhada. Por um lado arriscamos nossa extinção e a de nosso planeta pela combinação devastadora de antigos hábitos tribais e tecnologias modernas com a capacidade de eliminar todos os seres vivos do planeta diversas vezes. Por outro lado, também temos um sistema nervoso por intermédio do qual o universo se torna consciente de si mesmo. Mais do que nunca, temos os meios e o conhecimento para criar um admirável mundo novo no qual nosso atual estágio de sobrevivência do mais apto pode evoluir para a sobrevivência do mais sábio. O caminho que escolhermos determinará nosso futuro. Essa escolha será moldada pelas qualidades que desejamos, qualidades que podemos identificar e emular em alguns dos grandes heróis e heroínas que habitaram as lendas e o histórico de nossa civilização por todos os tempos.

Não é coincidência que em nossa época os super-heróis dominem o ambiente cultural como nunca antes. Para onde quer que você olhe, super-heróis e o sobrenatural se tornaram parte dinâmica de nossas conversas. Super-heróis são dotados de poderes mágicos que desafiam as leis de espaço e tempo, oferecendo-nos uma visão de um mundo que pode mudar. Super-heróis exploram os limites de energia e consciência, e nos permitem compreender melhor a nós mesmos e nosso potencial.

É por isso que, na minha opinião, os super-heróis podem nos ajudar de forma bastante real. Nas próximas páginas abordarei algumas das antigas sabedorias tradicionais como eu as entendi por toda a vida e alguns super-heróis fantasiados que ocupam as modernas mitologias de hoje. Em Batman eu vejo qualidades que lembram Buda. No Super-Homem certamente há atributos que também definem Shiva. Mas além disso há fronteiras que acredito precisamos alcançar. Temos não apenas de identificar nessas dezenas de personagens certas aspirações que estão adormecidas em nós mas também de alimentá-las com os poderosos ingredientes de intenção, atenção e ação, para que possamos criar um novo elenco de personagens. Esses personagens são aqueles em contato não apenas com seu eu sábio, mas também com seu eu das sombras, e têm uma compreensão mais profunda da ligação entre todas as coisas. Se formos bem-sucedidos, o resultado será um mapa profundo para atingir todo nosso potencial, descobrindo o super-herói interior e reescrevendo a história da humanidade.

DEEPAK CHOPRA

1

A lei do equilíbrio

Equilíbrio é interação entre ser, sentir, pensar e fazer. Super-heróis integram esses quatro estágios centrais da existência em meio à turbulência do mundo e à atividade diária e, assim fazendo, são capazes de solucionar criativamente todos os desafios que enfrentam e de criar uma atmosfera de fortalecimento e amor onde quer que estejam. Como resultado, o super-herói ideal é um mestre das artes marciais, que é no fundo uma disciplina espiritual.

Recentemente descobri que perguntar às pessoas qual seu super-herói preferido é como perguntar se preferem o pai ou a mãe. É uma pergunta quase impossível de ser respondida, pois apenas nas duas maiores editoras de quadrinhos há de 5 mil a 10 mil personagens para escolher.

— Isso inclui heróis e vilões, alguns dos quais trocam de lado de tempos em tempos — Gotham me disse. — Com alguma frequência certos heróis se tornam destrutivos, levados até a aniquilação pessoal.

Ele relacionou alguns exemplos: Wolverine, Vingador, Hulk.

— E quanto ao Batman? — perguntei, evidenciando meu limitado conhecimento do panteão e tentando ter uma pista sobre o que ele estava falando.

— Ele tem seus momentos — anuiu Gotham.

— Dê um exemplo — provoquei.

Ele pensou algum tempo na pergunta antes de começar.

— Batman é chamado de Cavaleiro das Trevas porque, embora seja um protetor dos fracos e defensor da justiça que leva a luz por ser um super-herói, são a escuridão, as sombras e os medos que em grande medida o impelem. A lembrança de uma infância torturada, abalada pela tragédia, o medo de ficar isolado, a ansiedade de se sentir sem objetivo é que dão força a ele. Não importam quais os atos heróicos de Batman, não importam seus triunfos, seu passado trágico está sempre presente e determina suas ações. Mesmo seus maiores adversários, como o Coringa ou o Charada, refletem seu próprio caos contido. São seus medos e pesadelos libertados e dotados de vida, pois dentro dele pulsam algumas das mesmas qualidades, que, caso cresçam, podem subjugá-lo. Poderia transformar-se neles. Ele existe no fio da navalha, sempre em risco, tentado pela escuridão, mas raramente tomba.

— Ele tem consciência de tudo isso? — indaguei, impressionado.

Gotham anuiu.

— A angústia de Batman o move.

Ele entrara no clima. Continuou, contando uma de suas histórias preferidas do enorme mito de Batman.

— Chama-se *Guerra ao Crime*. Batman encontra um jovem cujos pais foram assassinados em um ataque violento. Para Batman isso lembra seu próprio passado trágico quando, criança e em seu *alter ego* Bruce Wayne, ele testemunhou o assassinato dos pais aparentemente por um vagabundo em busca de drogas. Anos depois, Batman sabe muito bem as escolhas negras que se oferecem ao garoto que cresce sem a orientação dos pais. Refletindo sobre a natureza da escuridão, dos becos úmidos de Gotham City aos seus escritórios ávidos de cobiça e excessos, Batman acompanha o jovem órfão se equilibrar no fio da navalha, com um passo em falso podendo facilmente levar a uma vida de criminalidade, conflito e autodestruição.

— "Não são tanto os momentos de tragédia que definem nossa vida, mas as escolhas que fazemos para lidar com eles" — disse Gotham, citando a famosa fala de Batman em *Guerra ao Crime*. — Forte, não é? — encerrou, sorrindo.

Concordei.

Grandes histórias de super-heróis são as nossas. Metáforas dos desafios e conflitos que enfrentamos na vida e os poderes — ou a sabedoria interior — que precisamos garimpar dentro de nós para superar esses desafios e evoluir constantemente.

As lutas que Batman trava nas ruas e nos becos de sua cidade são as mesmas que encaramos em nossa própria vida. O ambiente, os personagens e a trama se combinam para criar grandes histórias mitológicas do bem contra o mal, mas os desafios com que esses heróis se deparam ecoam nossas próprias experiências. Eles se mostram em nossa vida como conflitos emocionais com aqueles que amamos e com os quais trabalhamos, dilemas espirituais e éticos deflagrados pelo choque entre ciência e espiritualidade e a angústia existencial que emana da tecnologia em constante evolução que nos cerca. Todos nós, meros mortais, estamos sujeitos a essas avalanches de mudança. Muitos estão constantemente tentando encontrar e encaixar "sentido" em uma compreensão do mundo rígida e estática.

Mas podemos aprender com os super-heróis que criamos juntos. Com suas provações e seus triunfos, com suas forças e fraquezas, podemos aprender a perceber nossas próprias batalhas cotidianas. Se conseguirmos nos valer das habilidades deles, descobriremos um poço de conhecimento e um guia de vida com profundas implicações para a transformação pessoal e global. Essas habilidades são o segredo para maximizar nosso potencial como indivíduos e melhorar coletivamente o mundo, uma ação de cada vez. E a Lei do Equilíbrio é o único ponto de partida.

Os super-heróis sabem que a única forma de superar qualquer desafio é se voltar para dentro. Compreendem que o equilíbrio é o ingrediente determinante para identificar qualquer de seus superpoderes, usá-lo e fazer com que tenha o máximo efeito. Há nas tradições da sabedoria oriental o ditado de que a medida da evolução de alguém é o grau em que ele se sente confortável com paradoxo, contradição, confusão e ambiguidade. Friedrich Nietzsche concordou: "Você precisa ter dentro de si o caos para fazer nascer uma estrela cintilante". É isso que os grandes super-heróis fazem. Entram em contato com sua própria consciência e reconciliam as oposições em sua vida. Eles se mantêm equilibrados e agem a partir dessa posição de força e equilíbrio.

Super-heróis crescem quando há confusão e caos, porque, não importa a loucura ao seu redor, eles permanecem sólidos. Entendem instintivamente que a vida é uma confluência de sentido, relações e contexto. Super-heróis reconhecem que para encontrar harmonia precisamos equilibrar tudo o que nos cerca. Resumindo, super-heróis equilibram as forças da luz e da escuridão, fúria e serenidade, sagrado e profano dentro deles mesmos e a partir disso forjam uma identidade poderosa e determinada.

O equilíbrio é fruto não apenas da capacidade principal de descobrir equilíbrio entre todas as forças opostas do universo mas também da capacidade de reconhecê-las e de se valer delas. O próprio cosmos é uma reunião de todas as forças que já existiram no espaço e no tempo. Luz e trevas, bem e mal, divino e diabólico, pecador e santo e todos os outros conjuntos de energias conflitantes que saturam o universo são a seiva que corre por nós e anima nossos atos. É o fluxo, e mesmo a colisão, dessas forças e energias que gera a própria vida. A história da civilização humana é apenas outra prova disso, apresentando contrastes na própria humanidade. Para cada Gandhi há um Hitler. Para cada momento nascido do ódio que cresce e tem um impacto com o passar do tempo há outro justo que o compensa e contrasta com ele. É esse atrito e o posterior equilíbrio entre forças opostas que estão na base de nossa atual existência.

Nós mesmos somos um amálgama dessas energias e forças. Você já se sentiu tão consumido por raiva ou frustração que desejou socar uma parede ou jogar o controle remoto do outro lado da sala? Então sentiu a fúria do Incrível Hulk ou de Wolverine. Já sentiu a necessidade de se vingar de alguém após ter sido tratado injustamente? É a mesma sede de vingança que move Batman, o Demolidor e o Vingador. Se isso são emoções conhecidas, então você já interpretou uma narrativa de super-herói.

Vamos agora levar isso ao nível seguinte. Como conscientemente nos mantemos equilibrados e produzimos nossas escolhas a partir do âmbito da consciência? Como agimos com base em um quadro de intenção consciente em vez de reagir ao redemoinho de emoções e cobranças ao nosso redor? Como encontramos a paz em nosso cotidiano e fazemos essa paz ecoar em nossos atos? Como garantimos que nosso caminho pela vida seja de evolução?

O começo da resposta é manter a sobriedade. Neste caso sobriedade significa ser confiante e ter absoluta clareza de consciência. Assim como Batman antecipa o futuro daquele órfão em *Guerra ao Crime*, estar alicerçado em sobriedade fortalece a pessoa para que tome decisões claras e efetivas.

Super-heróis como Batman nunca se permitem qualquer coisa que reduza a qualidade de sua consciência. Não mergulham em estados alterados de consciência que prejudiquem sua clareza de mente e corpo. Ao contrário, permanecer o tempo todo sóbrios e emocionalmente claros e com energia permite a eles existir em estados ampliados de consciência nos quais nenhuma dose de incômodo ou agitação os perturba por muito tempo.

Verdadeiras experiências de alegria, êxtase e amor só podem existir em estados ampliados ou superiores de consciência. Essas experiências derivam de estar em contato com o verdadeiro *self*, o *self* transcendente (que abordaremos em capítulo posterior). As características desse *self* transcendente são as mesmas da própria natureza. O estado natural do universo é estar em equilíbrio — seja nossa ecologia, nossas estações ou nosso corpo individual com seus metabolismos. Quando algo perde o equilíbrio, a natureza espontaneamente busca restaurar esse equilíbrio, de modo que continue a evoluir. A única coisa que pode deter esse processo de restauração natural é quando o inibimos introduzindo no sistema uma toxicidade artificial.

Super-heróis estão ancorados em plena clareza. Como o estado de clareza é muito importante para os super-heróis, eles fazem tudo para estimulá-lo e sustentá-lo. Incorporam bons hábitos de saúde física e mental. Cultivam o bem-estar físico com exercícios regulares e boa nutrição, alertas para quais alimentos combinam com seu corpo e os fazem sentir mais energia. Além disso, estão o tempo todo alertas para o bem-estar mental. Isso começa garantindo que o sono seja bom e reparador e, ainda mais, que a coordenação entre corpo e mente esteja o tempo todo em ótimo nível, o que é conseguido por intermédio de práticas como artes marciais, ioga, meditação e técnicas de respiração.

O bem-estar emocional é igualmente determinante para que os super-heróis mantenham a consciência no auge. Isso é possível com relacionamentos saudáveis e livres de toxinas emocionais, como hostilidade, ressentimento, medo, culpa e depressão. Para esclarecer quais são essas toxinas:

Hostilidade é dor relembrada e desejo de dar o troco.

Medo é a antecipação da dor no futuro.

Culpa é dor dirigida a si mesmo quando acusa a si mesmo.

Depressão é o esgotamento de energia como resultado de tudo acima.

Os super-heróis se mantêm livres dessas emoções tóxicas sem negar a dor emocional, mas estando em contato com ela e avançando. Compreendem que nenhuma narrativa, incluindo a sua própria, pode ser definida em termos de absoluta bondade, pois qualquer coisa que careça de contrastes básicos — o atrito entre bem e mal, luz e trevas — se torna banal e condena a pessoa a inércia eventual e total. Ao contrário, os super-heróis (ou as pessoas) mais dinâmicos e poderosos são aqueles que conseguem equilibrar as forças da luz e das trevas dentro de si, percorrer as regiões de sombras de seus medos, fúrias e emoções sombrias, canalizando-as para realizações mais construtivas e compassivas.

Pela sua clareza de consciência, os verdadeiros super-heróis assumem a responsabilidade por todas as experiências dolorosas sem nunca fazer o papel de vítimas. São capazes de estar em contato com sua dor e com seus sentimentos por intermédio de uma refinada consciência das sensações corporais. Sensações corporais refletem estados emocionais. Para os super-heróis, a capacidade de localizar no corpo emoções e sentimentos, defini-los, expressá-los para si mesmos sem culpar os outros, partilhá-los com amigos íntimos, libertá-los por meio de rituais conscientes e seguir em frente, celebrando a liberdade que é fruto de não se prender a experiências ou dores passadas os livra de ser vítimas delas. De fato, a libertação da toxicidade emocional libera uma energia imensa para os super-heróis, que podem usá-la na sua própria evolução e na de sua comunidade.

◆ ◆ ◆

Com, e a partir de, esse estado de consciência, os super-heróis podem integrar os quatro principais planos de existência — ser, sentir, pensar e fazer. A noção consciente desses planos permeia intenção e a ação dos super-heróis e permite que deem o melhor de si.

O primeiro plano de existência é *ser*. Isso significa consciência centrada. Assim como os super-heróis, nosso objetivo é encontrar a quietude inabalável em nós mesmos em meio à turbulência e ao caos do mundo ao redor. Não importa a loucura, o estresse e a cacofonia de atividade que nos cercam — física ou emocionalmente —, temos de encontrar uma forma de entrar em contato com a quietude interior.

O segundo plano de existência é *sentir*. Sentir é sermos absolutamente precisos em nossas ações e não nos distrairmos com impulsos tóxicos que nos enfraquecem, como raiva, hostilidade, vingança, inveja e medo. Há falta de compaixão nesse tipo de preocupação consigo mesmo. Não por não ser empático, apenas por haver uma precisão disciplinada em nossa plena consciência de nossos próprios sentimentos. Estar em contato com nossa consciência emocional assegura que toda intenção fluindo do interior também esteja enraizada em equilíbrio emocional. Sentir também significa eliminar a necessidade de estar certo e a importância atribuída a si mesmo. Super-heróis nunca são arrogantes.

O terceiro plano de existência é *pensar*. A mais alta forma de pensar é a criatividade. Isso significa a revelação de que não há problema que não possa ser solucionado pela criatividade. Esse raciocínio deve estar alinhado com nossos mais altos ideais e valores, como verdade, bondade, harmonia e evolução espiritual. Quando as escolhas são deliberadas e fruto desse quadro de equilíbrio emocional, o resultado será transformador e positivo.

O quarto e último plano de existência é *fazer*. Em muitos sentidos esse é o ápice dos três primeiros planos de existência, e significa emergir desses planos mais reflexivos e se voltar para a ação. As ações, claro, precisam estar alinhadas com nosso ser, sentir e pensar. Isso acontece espontaneamente quando damos atenção a estímulos, somos decididos e dispostos a correr riscos calculados. Quando chegar o momento da ação, saberemos intuitivamente o que precisa ser feito e o faremos de forma impecável e com a intenção de um bem maior, deixando os resultados a cargo de um grande desconhecido com total distanciamento.

Quando esses quatro planos de existência estão em harmonia uns com os outros, nossas ações, nosso comportamento e presença demonstram isso. Cada parte de nós — de nossa própria noção pessoal, interação com os outros e contribuição para o mundo — se integra e equilibra espontaneamente, e os resultados são reais e substanciais. As decisões fluem sem esforço. Nossas intenções pessoais estão alinhadas com a evolução básica da natureza. Elas nos levam a escolhas que intuitivamente soam certas e que geram sincronicidade ou coincidência significativas. A inteligência universal — ou a inteligência mais profunda e totalmente abrangente que anima toda a natureza, incluindo nós mesmos — flui por meio de nós. Nossas intenções são as intenções do universo. Quando agimos a partir dessa noção de *self* alicerçada e serena, não encontramos resistência que não possa ser facilmente superada.

No caso dos super-heróis, eles estão no auge quando atuam a partir desse nível de consciência equilibrada, em que suas próprias emoções internas (sensações) — mesmo que alimentadas por alguma profunda emoção selvagem — estão integradas a seus planos de ser e pensar. O resultado é super*fazer*. Batman é o protetor de Gotham City. O Super-Homem guarda Metrópolis. Eles fazem o que é certo no momento exato da forma exata necessária para proteger aqueles que necessitam.

Mesmo super-heróis não são perfeitos o tempo todo. Na verdade, personagens das grandes mitologias demonstraram falhas de equilíbrio épicas. Assim como nós, em seus piores momentos eles podem ser granadas emocionais prestes a explodir. Zeus, rei dos deuses e o mais poderoso do antigo panteão grego, era lendário por sua ira e pela tendência a disparar raios contra aqueles que o irritavam. O Senhor Shiva, seu equivalente indiano, era conhecido como o "destruidor do universo"; certa vez um simples piscar de olhos produziu uma era de trevas que foi semelhante ao apocalipse.

E quanto a um "superser" ainda mais familiar, conhecido por sua fúria e por sua loucura incontroláveis? O próprio Deus. Por todo o Velho Testamento Deus é um demônio selvagem e genocida que exige sacrifícios de seus seguidores mais devotados (como Abraão) e pune inúmeros outros (como Saulo) por ofensas aparentemente inócuas, até mesmo questionáveis. Contudo, permanece o fato de que o Deus vingativo e virulento do Velho Testamento é o mesmo Senhor compassivo e misericordioso do Novo Testamento. O Deus desprezível, vingativo, assassino do Velho Testamento não é alguém com quem você gostaria de tomar um café, mas o Deus novo e melhorado do Novo é poderoso e gracioso, ao mesmo tempo responsável e orientador, certamente alguém que você ficaria feliz em levar para jantar em sua casa.

Todas as mitologias religiosas e espirituais estão repletas de personagens assim — deuses e deusas cheios de paradoxos e contradições, cuja raiva e fúria não têm limites, mas cujas benevolência e bênçãos, por outro lado, produzem milagres, redenção e revelação. Por quê? Porque Deus é o que somos. Deus, na verdade, é nosso mais alto instinto de conhecer a nós mesmos e uma projeção de nossa própria consciência. Como no caso dos super-heróis, sua imperfeição é a nossa. Sua busca por equilíbrio é nossa busca.

Ram é o antigo super-herói no cerne do maior épico da Índia, o *Ramayana*. É a encarnação de Deus na Terra em uma luta para resgatar sua esposa, a deusa Sita, das garras do demônio Senhor Ravan. A manifestação física de Ravan rescende a trevas e imoralidade — tem pele pustulenta e pútrida, múltiplas cabeças e uma face verdadeiramente horrenda. Ele sequestrou Sita com a esperança de que sua divindade e fertilidade ajudassem a regenerar não apenas seu ser mas o ambiente apocalíptico no qual existe.

De modo a resgatar Sita, Ram lidera um exército contra as hordas de demônios de Ravan. Mas antes da batalha apocalíptica os conselheiros espirituais de Ram o avisam de que, para assegurar a vitória, tem de invocar todos os elementos e forças do universo, e se valer deles, para conseguir utilizar essa força no que certamente será a batalha de sua vida. Para isso, continuam os conselheiros, precisa que o mais refinado estudioso, com consciência expandida, o guie em um ritual. Não pode ser um homem comum nem um funcionário religioso, mas alguém que realmente saiba como invocar essa multidão de forças e já tenha feito isso. Para Ram, eles identificam um único ser qualificado: Ravan. De fato, não deveria surpreender Ram que seu arqui-inimigo, o ser do mal mais poderoso do universo, seja o que é por ter o domínio de todos os elementos e forças do universo.

Então, Ram faz o inimaginável. Antes da guerra, convida Ravan a realizar o ritual para ele. Ravan vai. De fato, ele não apenas é a encarnação de todo o mal; é também aquele com maior conhecimento, um mestre dos sete chacras, as origens do verdadeiro poder, tanto físico quanto espiritual. Ravan concorda em realizar o ritual para Ram, com uma única condição. Ram fica confuso, não apenas por seu inimigo parecer disposto a ajudá-lo mas também por não saber o que poderia oferecer a Ravan em troca de seus serviços. O demônio já tem sua esposa, Sita. Ram já perdeu seu reino e está prestes a ir para a guerra contra a maior força do mal do universo. Ele parece ter pouco a dar.

Ravan sorri.

— No final de nossa guerra, no penúltimo momento, você e eu iremos nos encarar, bem contra mal. Quando chegar esse último momento, prometa que a flecha que atingir meu coração sairá diretamente de você. Quero que Deus me mate. Porque esse último golpe será minha redenção. Sua correção equilibrará minha fúria. Sua sobriedade equilibrará minha loucura. Você iluminará minha sombra.

Ram concorda.

Simplificando, a sombra é a parte diabólica de nossa alma. Na tradição do super-herói a sombra costuma aparecer como o supervilão, mas não se engane. Na verdade o supervilão é apenas o super-herói que foi sabotado por um desequilíbrio do ser. Sempre que a energia divina dentro de nós busca evolução, criatividade e consciência superior, a diabólica energia das sombras dentro de nós é destrutiva, divisiva e sabotadora.

Super-heróis lutam contra isso dando-se conta de que todos têm uma sombra, inclusive eles mesmos. Afirmar que você não tem uma sombra é na verdade negar isso, ou permanecer na completa escuridão, isolado do mundo. Se você se colocar sob a luz, como fazem os super-heróis, sempre verá sua sombra. Com a consciência disso, a luz brilhante de consciência superior pode ficar de olho na sombra sabotadora.

A sombra raramente recua. Mesmo quando aparentemente derrotada, ela geralmente apenas se retirou como um supervilão habilidoso para se reorganizar e conceber um novo plano. Porque sua natureza é obliterar as condições em que a evolução pode se dar. Então, se você ignorar sua sombra ou acreditar que a conquistou, ela se tornará mais forte e agressiva. Não irá apenas constrangê-lo, buscará aniquilá-lo totalmente. Super-heróis caídos permitiram que sua sombra fosse vitoriosa. O equilíbrio entre as forças da luz e as das trevas foi eliminado para sempre, e a decadência das trevas é esmagadora. A mitologia dos quadrinhos está cheia de histórias que mostram isso — heróis e heroínas corrompidos por seu próprio poder ou contaminados pelo ego.

Em dado momento o simbionte das trevas se liga ao heroico Homem-Aranha. O ser das sombras faz emergir os impulsos mais negros do Homem-Aranha, tornando-o arrogante, vingativo e egoísta. Seu icônico traje vermelho e azul até mesmo se torna negro à medida que ele literalmente assume uma *persona* das sombras. Mas no final, por intermédio de sua própria consciência, o Homem-Aranha consegue resistir às qualidades das sombras e elimina o simbionte. Ele então ocupa outro ser e torna-se a um dos arqui-inimigos do Homem-Aranha, conhecido como Venom, sempre à sua espreita e lembrando ao grande super-herói aquilo em que ele poderia ter se tornado caso se entregasse a seu próprio *self* das sombras.

A sombra é primitiva e reservada e vive em vergonha e culpa, aparecendo e desaparecendo. Ela se esconde nas passagens secretas, nos becos escuros e nos porões e sótãos de nossa psique, cheios de fantasmas. Condições abjetas como pobreza, falta de liderança, uma mentalidade de "nós contra eles", repressão, privação, injustiça social, tortura, moralidade pretensiosa, supressão do desejo, medo e conflito criam terreno fértil para o surgimento e para a emergência das sombras. Essas circunstâncias pútridas e decadentes são familiares em paisagens urbanas mitológicas, de Sodoma e Gomorra a Sin City e Gotham City. Mas na verdade elas são as regiões solitárias e não visitadas de nós mesmos. Os super-heróis têm consciência disso, e sempre sabem como evitar situações que deflagram a energia das sombras.

Mais ainda, os super-heróis reconhecem suas sombras, entram em contato com elas, até mesmo as abraçam e perdoam, usando-as criativamente. De fato, os super-heróis entendem que, bem administradas, as sombras podem ser nossas melhores aliadas. A maioria das pessoas sente culpa e vergonha ao confrontar sua sombra, portanto fazem de tudo para isolá-la e eliminar qualquer sinal dela. Isso, claro, apenas antagoniza a sombra e a desafia a se mostrar quando menos desejado. Mas os super-heróis estão acima desses tabus. Sabem que não há experiência sem contraste — quente e frio, prazer e dor, trevas e luz. No mundo de espaço, tempo e causalidade — ou o relativo, como o chamamos —, esse jogo de opostos é o que move a evolução do universo e tudo nele.

Conscientes da presença das sombras e das condições que podem agitá-las, os super-heróis invertem o jogo e se perguntam que dom a sombra pode oferecer. Esse simples gesto torna os super-heróis menos críticos não apenas consigo mesmos e com suas sombras mas também com os outros, e os distancia do melodrama e do sensacionalismo associado a julgamento dos outros e a fofocas. Mais uma vez, o resultado é uma sobriedade que aproxima os super-heróis de sua energia espiritual e de sua identidade criativa.

Dessa forma os super-heróis usam a sombra criativamente. Por exemplo: se alguém tem uma personalidade viciante, deve dirigir essa energia viciante para algo benéfico — exercício e investigação criativa. Parte da arte mais celebrada da civilização, como a criada por artistas como Michelangelo e Picasso, foi fruto do ato de os artistas abraçarem suas sombras e concentrarem criativamente sua energia. Se sua sombra está tomada por raiva ou fúria, imagine como essa energia esmagadora pode ser orientada para algo diferente, para ser mais produtiva. Na sobriedade da consciência de si mesmo e de sua sombra, você se fortalece para lidar com ela.

Histórias em quadrinhos e grandes mitologias antigas costumam ser ambientadas em circunstâncias difíceis. Sejam cidades decadentes tomadas pelo crime e pela pobreza, seja reinos imaginários repletos de raças de demônios e catástrofe iminente, é nesses mundos que os grandes heróis costumam ir para fazer seu trabalho. E é o conflito entre essas forças que constrói a narrativa. Nas melhores dessas narrativas o conflito nunca termina de verdade, pois qualquer história — ou personagem — na qual o bem derrota o mal de forma absoluta ou na qual a vida conquista a morte por toda a eternidade corre o risco de sua própria extinção. A banalidade do "para sempre" condenaria um personagem ou mundo à estagnação final. A busca de equilíbrio entre mundos contraditórios, paradoxais e em conflito é a jornada do super-herói. É nossa jornada.

Por isso o equilíbrio é a primeira lei espiritual dos super-heróis. Para vencer em nossa busca de paz no cotidiano e aspirar a uma consciência superior, é fundamental descobrir e manter o equilíbrio entre ser, sentir, pensar e fazer. Reconhecer e resgatar sua sombra das masmorras de sua própria psique — e utilizá-la criativamente com sobriedade consciente — é a forma mais eficaz e objetiva de praticar a Lei do Equilíbrio.

Essa lei, quando aplicada, tem o potencial de mudar a forma como pensamos e agimos. Podemos nos afastar da barragem de ruído que nos cerca e descobrir nosso potencial de viver em harmonia com nós mesmos e com o mundo. Nossas ações, decisões e nossos pensamentos ganham solidez e passamos a ver o mundo e nosso lugar nele de um ponto de vista inteiramente diferente. Como um super-herói sentado acima da Terra e olhando para baixo, também de repente ganhamos uma nova perspectiva.

Os seguintes exercícios de super-heróis vão alimentar o equilíbrio. Tenha mais consciência deles em seu comportamento incorporando rituais a eles todo dia; observe-os em momentos específicos do dia ou em períodos determinados. Eles acabarão se tornando parte de sua existência normal.

1. *Comprometa-se com o bem-estar físico e mental.* Preocupe-se com sua forma física, incorpore a sua rotina algum tipo de exercício cardiovascular regular. Também preste atenção a sua dieta e o que coloca em seu corpo. Da mesma forma, no que diz respeito a seu corpo emocional, tenha consciência dos relacionamentos e das situações tóxicas em que se coloca e paulatinamente os retire de sua vida.
2. *Compreenda e mantenha uma relação saudável com sua sombra.* Identifique nos outros as características que geram estresse, resistência, repulsa, frustração e raiva. Faça uma lista e reflita sobre a presença delas em você. Da próxima vez em que sentir uma dessas emoções destrutivas se manifestando, respire e veja suas origens. Não se torne vítima de suas emoções. Reconheça-as e avalie como pode dirigi-las para algo mais construtivo.

2

A lei da transformação

Transformação é a verdadeira natureza de todo ser e do próprio universo. Os super-heróis são capazes de reconhecer seus self *transformacionais, e todas as muitas forças em ação dentro deles, e de perceber o mundo de infinitos pontos de vista. Agindo assim, os super-heróis nunca enfrentam um conflito ou adversário que os intimide ou com o qual não possam ter empatia.*

A falsa crença fundamental partilhada por quase todos nós é de que o universo tem limites. A razão pela qual isso não é verdade é que todos os limites são construídos na mente. A maioria de nós olha no espelho e vê no reflexo uma imagem de quem achamos ser. Talvez em um nível sutil, sabemos que aquela imagem também é uma coleção de lembranças, experiências passadas boas e ruins, e uma projeção da pessoa que consideramos ser. Esse reflexo reforça nossa imagem pessoal, o que na maioria das vezes resulta em uma manutenção de nossos padrões comportamentais e uma identidade pessoal rígida que tem dificuldade em evoluir com o tempo.

Os super-heróis, contudo, veem um reflexo muito diferente. Quando olham para o espelho, veem seu reflexo, bem como a mecânica por baixo dele, que é enormemente diferente. Não apenas suas experiências passadas, mas também o futuro. E não apenas seu próprio passado e futuro pessoais; o seu e o meu, o de seus mentores e protegidos, de seus aliados e adversários e os de todos mais. De fato, em seu próprio reflexo eles veem toda a conspiração do cosmos, com sua beleza e sua feiura, com seu sagrado e seu profano, com o brilho de seu idealismo, a escuridão de seu ego e a vaidade de sua própria autoconsciência.

Os super-heróis aprenderam a viver sem falsos limites entre o pessoal e o universal. Com demasiada frequência nós nos identificamos apenas com um ego que arrasta um saco de pele e ossos. Isso então se torna um limite socialmente condicionado que leva a uma noção limitada de *self*.

O verdadeiro eu, o verdadeiro você, é tudo. "Eu sou o universo" é o mantra dos super-heróis. Eles veem as árvores como se fossem seus pulmões. Se as árvores não respirassem, eles não respirariam. E se eles não respirassem, as árvores não respirariam. As árvores e os pulmões são um único processo unificado. Eles compreendem que a Terra se recicla como seus corpos, que os rios e as águas são sua circulação, que o ar é seu hálito e a energia do céu e das estrelas é também a energia que anima seus membros e alimenta o marca-passo de seu coração e a eletricidade de seu cérebro.

Esse é um fato científico. Seu corpo vive uma troca dinâmica com todos os corpos vivos, incluindo plantas e animais, e com terra, ar e água por intermédio de respiração, digestão, metabolismo e eliminação. Todos somos membros de um único corpo. Nosso corpo também é parte de um único campo de energia, uno com o campo de energia universal. O campo de energia é igualmente um campo de informação universal que existe como pensamentos por intermédio de relações. Nossa respiração é uma com a atmosfera do planeta Terra. Nossa respiração, um campo de energia e informação, um corpo, uma mente e uma consciência. Em outras palavras, no nível mais profundo, somos todos um.

Eu apresentei isso a Gotham para ver como soava com sua ideia do mundo dos quadrinhos modernos. Ele refletiu brevemente e então começou.

— Você está falando sobre Tempestade, dos X-Men. Chuvas de monção, ventanias de neve, tornados, tsunamis, furacões, névoas cegantes, até mesmo tempestades solares e cósmicas que perturbam o eletromagnetismo do mundo; esses são os poderes na ponta dos dedos de Tempestade. Tempestade é como o deus grego Zeus, que lança raios contra seus inimigos, ou como seu irmão Poseidon, capaz de gerar ondas gigantescas nos mares que comanda, ou mesmo como o deus do Gênesis, que em seu desgosto com a humanidade ímpia envia um grande dilúvio para destruir a Terra. O superpoder de Tempestade vem de sua ligação com o *self* universal, que é o próprio poder da consciência. É a fonte de toda criação e destruição, a verdade no cerne do universo do qual todas as coisas emergem e ao qual retornam. Em uma história retirada do mito de Tempestade, um avatar de outro super-herói chamado Eternidade certa vez habitou a consciência de Tempestade. Em casos similares com outros super-heróis, os hospedeiros não foram capazes de sobreviver, esmagados pelo poder literalmente "eterno" de Eternidade. Não no caso de Tempestade. Como ela descende de sacerdotisas-feiticeiras africanas que eram unas com os ecossistemas nos quais viviam, uma habilidade que Tempestade acalentou ao longo do tempo e que acabou transformando-a em deusa, ela é capaz não apenas de suportar a infiltração mental de Eternidade mas também de integrar a falta de limites dele à sua. Há grande sabedoria nessa identidade experimentada, e ela sabe disso: "Há mais do que simplesmente ter superpoderes. Ser [um super-herói] significa ter uma força de vontade, de identidade pessoal, que nada pode subverter".

Para Tempestade e para a maioria dos super-heróis o mundo é como um espelho. Para onde quer que olhem, mesmo para a própria natureza, veem a si mesmos. Com essa descoberta vem a compreensão fundamental de que os limites são falsos e de uma nova capacidade de ver através das paredes de nossas limitações inventadas. Os super-heróis compreendem que todos os limites são conceituais, não baseados na realidade. As fronteiras existentes entre as nações, por exemplo, são um conceito humano. Não há na natureza linha dividindo nações ou oceanos. A Terra é um organismo único e expressão do universo total. Cada acontecimento no espaço e no tempo é uma conspiração de todos os acontecimentos, e cada objeto é também o universo total como um instantâneo no espaço e no tempo. Uma rosa vermelha, com seu delicioso perfume, com suas pétalas delicadas e haste espinhosa, é também arco-íris e luz do sol, terra e água, vento e ar, o vazio infinito e a história do cosmos desde o começo dos tempos.

Sabendo disso os super-heróis eliminam todos os limites. Sua noção de identidade não é "sou isto" ou "sou aquilo", mas "sou tudo e todos" e "sou o universo". O resultado é uma capacidade de ver o mundo como um todo e compreender a verdadeira natureza do que nos cerca.

Essa habilidade é fundamental para liberar o potencial em nós e no universo. Sem ela sempre seremos limitados por um conjunto de crenças. Uma vez descoberta, a Lei da Transformação literalmente muda tudo. Começamos a acessar uma instintiva e intuitiva fonte de sabedoria e poder que tem a capacidade de transformar todo dia, toda interação e todo momento em um momento criativo e evolucionário. Quando as pessoas estão em contato com seu *self* super-herói, com sua verdadeira essência, têm não apenas a capacidade de mudar o mundo, têm a obrigação.

Os super-heróis compreendem que no momento em que se classificam ou definem, se limitam. Pense nisto: o que define sua experiência de "sou" ou "existo"? Ar, árvores, sol e terra não são tão vitais para sua existência quanto seu coração, pulmões, fígado e rins? Você seria capaz de existir na ausência de qualquer um deles? Sua existência e sua ligação com o ecossistema vão além de palavras e frases elegantes; são um verdadeiro atributo da grandiosa organização do universo e, mais sutilmente, o campo de consciência unificado. Como o verdadeiro *self* é esse campo de consciência, os super-heróis se dão conta de que o ato de *transformação* é a chave para realmente acessar e utilizar essa consciência.

A capacidade de praticar a Lei da Transformação o devolve à sua essência — um estado de ser inocente — porque o impede de cair na armadilha dos julgamentos. É assim que os artistas veem o mundo. Eles não olham para objetos no mundo e os definem como independentes de si mesmos. Uma tigela de frutas, um pôr do sol impressionante, um monumento de tirar o fôlego — essas coisas ganham vida por intermédio da interação dos artistas com elas. Os artistas dão vida a elas simplesmente percebendo-as. Essa é a natureza inter-relacionada do universo, e quando nos damos conta de que tudo em nossa vida existe apenas por causa de nossa interação com ela, ganhamos com isso uma grande noção de fortalecimento. Consequentemente, somos aqueles com poder para orquestrar o que queremos e o que não queremos em nossa vida.

A transformação é uma forma e um processo ativo muito reais em nossa vida. Por exemplo: a versão de você que lê estas palavras neste momento não é a mesma versão que comprou este livro ou que acabará virando as últimas páginas dele quando chegar ao fim. Em um nível físico e atômico básico, nosso corpo está em constante movimento, se alimentando e reinventando. O corpo não é uma estrutura; é um processo. A versão deste ano do nosso corpo é um modelo reciclado do ano passado. No nível de moléculas e átomos, você está constantemente se reinventando, o que significa que tem uma pele nova por mês, um novo esqueleto a cada três meses, um novo revestimento gástrico a cada quatro dias e um novo fígado a cada seis semanas. Seu DNA, que contém memórias de milhões de anos, é reciclado a cada seis semanas no nível de carbono, hidrogênio, oxigênio e nitrogênio.

Da mesma forma, no plano emocional estamos constantemente mudando por causa da rede de lembranças, esperanças, desejos, relações e interações na qual estamos envolvidos. Cada um deles nos influencia de inúmeras formas, das reações metabólicas que podem provocar em nós até as escolhas a que podem nos levar e que alteram o rumo de nossa vida. Contudo, a maioria de nós não está consciente desse interminável estado de mudança, de modo que a transformação não é uma evolução ativa; em vez disso, ela ganha e perde força, vítima das marés de nossa disposição e do clima emocional daqueles dos quais nos cercamos. Ou seja, nos enroscamos na criação de limites. Nossas ações e crenças são limitadas por nosso ponto de vista. Nós nos convencemos de nossas incapacidades, de que estamos certos ou de que o mundo de alguma forma quer nos punir. Não importa qual seja o limite específico, o resultado final é que sem a Lei da Transformação estamos presos, e sempre lutaremos para mudar.

Em termos espirituais, transformação não é apenas sobre ganhar consciência de nós mesmos, mas também sobre combinar compreensão com maior consciência da conectividade básica de todas as coisas. A transformação então se torna disposição de ver e experimentar o mundo de um número infinito de pontos de vista. É a capacidade de *transformar* e então ver e experimentar o mundo não apenas do seu ponto de vista individual mas também de todos os outros pontos de vista. Embora a transformação no mundo do super-herói possa se revelar em uma metamorfose física explícita — Bruce Wayne se transformando em Batman, ou o personagem Tempestade virando uma tempestade de raios —, em nosso mundo é muito mais sutil em aparência, mas igualmente poderosa em ação.

Então, o que isso significa na prática? Como podemos incorporar a nossa vida a capacidade de realmente ver e experimentar o mundo segundo o ponto de vista do outro? Os super-heróis navegam pelo cosmos conscientemente. Por intermédio de suas intenções e imaginação, podem dar saltos quânticos para qualquer ponto do espaço e do tempo. Um salto quântico permite que você se mova de um local do espaço-tempo para outro sem passar pelo espaço intermediário.

Tente isto. Feche os olhos e lembre-se de si mesmo quando criança. Você instantaneamente viajou no tempo, e está olhando para um corpo diferente e para uma personalidade diferente. Em dado momento do passado você se identificou com essa pessoa, porém muito provavelmente ela hoje não lhe é mais familiar do que um estranho. Agora feche os olhos e se imagine dez anos à frente, com um corpo e uma personalidade diferentes, uma que cresceu em maturidade e compreensão além daquela que tem hoje. A mesma experiência se dá.

Agora saia de seu próprio corpo. Feche os olhos e torne-se uma águia no céu. Imagine como o mundo poderia parecer desse ponto de vista, voando alto em meio às nuvens. Ou assuma a consciência de outro animal — uma cobra coleando pela relva ou um golfinho dando piruetas no oceano. Ou outra persona humana — um guerreiro se preparando para a batalha, um alquimista lidando com magia ou um ser divino usando as forças do universo. A forma como percebemos o mundo molda o modo como interagimos com ele, as escolhas que fazemos e, em última instância, o que definimos como real.

Segundo um ditado oriental: "A realidade é um ato de percepção". Quando tomamos consciência dessa percepção, ganhamos controle de nossa realidade. A capacidade de manobrar nossa própria percepção — ou ponto de vista — é a arte de mudar de forma, uma qualidade central dos super-heróis, mas também algo que todos estamos preparados para fazer.

A mitologia e o mundo dos quadrinhos estão repletos de metamorfizadores. De antigos deuses gregos como Zeus, que com frequência mudava de forma para evitar a detecção (e a ira) de sua esposa Hera quando a enganava, passando por lobisomens e vampiros, que dominaram a cultura popular, até uma gama de super-heróis como o Incrível Hulk e Wolverine, são muitos e perenes os heróis que se transformam fisicamente.

O ato da metamorfose é uma visão dramática e popular, mas qual seu sentido e significado mais profundos?

Dois adolescentes, consumidos pela curiosidade da idade, hormônios em polvorosa, se entregam a impulsos, e seus lábios lentamente se tocam. Para eles, perdidos em um abraço apaixonado, sentindo a euforia do novo amor, o tempo para. Até que, de repente, horror. A jovem entra em pânico quando se dá conta de que seu parceiro se torna flácido em seus braços. Não pelo fim da paixão, mas pelo rápido e inexplicável fim da vida. Assim apareceram pela primeira vez os superpoderes da super-heroína Vampira.

Com o tempo Vampira aprende a usar esse dom e descobre que não há limites entre ela e a pessoa ao lado quando coloca suas mãos nela. Nesses momentos ela absorve as lembranças, emoções, habilidades e os poderes daquele em quem toca. Quanto mais demorado o contato, por mais tempo reterá essas características. E caso segure por tempo suficiente, elas se tornarão permanentes.

Ao longo de sua carreira de super-heroína Vampira se liga a centenas, ou a milhares, de outros. Durante uma missão ela combate um adversário alienígena utilizando todas as lembranças, todos os poderes e emoções que absorveu em toda a sua história de super-heroína. O alienígena fraqueja e morre. A vontade e o poder do coletivo são mais do que qualquer adversário isolado pode enfrentar. Sozinha uma pessoa pode conseguir a grandeza. Mas juntas muitas podem mudar inteiramente a consciência.

Esta história leva a transformação ao nível seguinte. Aquilo que você talvez considere sua identidade no momento é apenas um papel que sua consciência escolheu interpretar neste determinado momento do tempo. Você não é os papéis que interpreta; é a consciência infinita que escolheu como seu destino interpretar um infinito número de papéis. Super-heróis sabem a distinção entre quem são e os papéis que interpretam.

Essa é a diferença entre uma imagem pessoal e o *self*. A imagem pessoal é transitória, efêmera e passageira, como um fio de fumaça perdido no ar. O *self* é eterno, disseminado, onisciente e além do espaço e do tempo. Não reconhece os limites entre você e eu. Meu triunfo é seu triunfo. Minha tragédia, sua tragédia. E isso vai além de você e eu. Tudo o que o cerca — pessoas, natureza, o mundo como um todo — é parte de sua comunidade, sua tribo, sua sociedade, toda a humanidade e o ecossistema coletivo no qual existimos. Os super-heróis estão em sintonia com esse organismo uno invisível que vive e respira e é a própria consciência.

Tudo ao seu redor existe por causa de sua participação e interação com isso. No momento em que para de interagir com algo, que demonstra indiferença ou mesmo age automaticamente — seja uma relação, seja uma atividade, seja um objeto —, isso começa a se tornar menos relevante para sua vida e a desaparecer. Em última instância, uma postura desapaixonada em relação a qualquer coisa na vida gera banalidade, tédio e, finalmente, morte emocional e mesmo física.

Na fisiologia humana o melhor exemplo é uma célula cancerosa, a célula que parou de reagir à comunidade de células e organismos ao redor. Essa morte celular bloqueia o sistema e acaba levando a um colapso sistêmico ainda mais amplo e a uma morte inevitável.

Como verá nas páginas seguintes, cada uma dessas leis parte da lei anterior. Não pode haver transformação sem equilíbrio. Quando queremos nossa consciência alerta, reativa e em sintonia com o que nos cerca sem ser prisioneira de nossas lembranças e experiências passadas, mais uma vez nos valemos da sabedoria da incerteza. Cada habilidade que aprendemos nos leva mais adiante no caminho para utilizar todo nosso potencial.

No processo de aprender a Lei da Transformação ganhamos uma agilidade emocional, psicológica e espiritual que é revigorante e fortalecedora. O que com maior frequência bloqueia essa consciência fundamental (afinal, todos nascemos com ela) é a imagem pessoal. Não apenas nosso grande julgamento do mundo ao redor (e dos outros nele), mas o modo como classificamos e percebemos nós mesmos e nossas ações.

De volta ao espelho. Pense naquele reflexo que vê olhando para você. A não ser que já seja um super-herói ou um ser iluminado, o que você vê é apenas uma percepção de quem acha ser. Agora talvez compreenda que mesmo seu reflexo aparentemente estático na verdade não passa de um instantâneo de um interminável turbilhão de transformações biológicas e psicológicas se processando dentro de si. Você não é apenas o que vê, mas todos os momentos pessoais e lembranças de sua história que culminaram no presente momento, bem como as esperanças e os sonhos que tem sobre quem *quer ser*. Mas mesmo isso fica aquém de quem você realmente é, porque é apenas a imagem pessoal para a qual está olhando. E ao se definir em função de sua imagem pessoal o resultado é uma repetição constante dos mesmos padrões de comportamento. E especialmente caso o reflexo não seja algo de que goste, a consequência é baixa autoestima e perpetuação de uma pessoa em quem você mesmo não acredita. A única forma de mudar isso é deixar de ver a imagem pessoal para ver o *self*.

O *self* está em contato com os mais altos ideais de verdade e bondade, para a realização pessoal e planetária. Não se define como bom ou mau, pois compreende que essas são qualidades que permanecem adormecidas no interior e podem se expressar em pontos específicos do tempo. Contudo, a maioria das pessoas é aprisionada nesses momentos estáticos. Embora instintivamente vejam o mundo através das lentes de seu próprio ser, que está em constante transformação, só veem a poeira na lente. Em vez de um novo mundo cintilante que é um contínuo e interminável caldeirão de energia, elas se prendem a um instantâneo rígido do mundo que acreditam ver. Olham para fora e ficam alternadamente fascinadas ou aterrorizadas com coisas e então produzem sua realidade a partir desse estado.

Os super-heróis fazem diferente. Como sabem estar em um estado de constante transformação, ficam à vontade em um mundo que reflete essa realidade. Vivem além dos rótulos. No plano da consciência há uma natureza singular que está além dos rótulos que impomos a ela. Vendo e experimentando esse mundo a partir desse nível de consciência, os super-heróis vão além das definições e de suas contradições inerentes, e são capazes de agir baseados em um estado absoluto em termos de sua utilidade. Suas ações estão além do bem e do mal, do divino e do diabólico.

Super-heróis não perdem tempo ou energia com moralidade arrogante ou julgando os atos morais dos outros. Evitam a lógica de raciocínio do "estou certo" e "você está errado", que é ególatra e baseada em uma noção do *self* ignorante e limitada. Avançam cuidadosamente, à vontade com ambiguidade e contradição, mas sem julgar a moralidade dos outros e atentos a suas próprias ações.

Verdadeiros super-heróis atuam em coordenação com o mundo que os cerca. Mesmo o que na natureza eventualmente pareça um ato destrutivo — um incêndio na floresta, por exemplo — pode acabar gerando fertilidade a partir da qual um novo ecossistema pode brotar. Da mesma forma, os melhores super-heróis atuam em prol dessa evolução planetária ou social, mesmo que isso signifique isolamento pessoal ou cometer atos que possam ser considerados destrutivos. Alicerçados nessa consciência e livres dos julgamentos impostos pela imagem pessoal, os super-heróis podem se transportar para qualquer lugar a qualquer momento e sabem o que está acontecendo simplesmente por atenção e intenção.

Atenção concentra a infinita consciência em um ponto específico, e intenção permite que a consciência saiba o que está acontecendo em relação a contexto, significado e relação. É uma forma de inteligência chamada intuição.

A intuição está além da lógica e da racionalidade. É uma inteligência contextual, relacional e holística. A intuição geralmente é vista como uma espécie de dom alquímica ou misticamente atribuído, mas na realidade é resultado da consciência onisciente praticada pelos super-heróis.

Esse é o cerne da Lei da Transformação. Libertados dos limites que reduzem nossa perspectiva e nossa compreensão, descobrimos que nossa consciência é a consciência do universo, nossa mente é parte do universal. Somos capazes de suspender nosso diálogo interno e nesse silêncio escutar a mente do cosmos. Escutar o *self* é escutar o universo, que está além de todo espaço e tempo. Não tem uma orientação perder-ganhar, e sua capacidade de computação é ilimitada e além de todo pensamento racional. É o dom da intuição.

Quando somos capazes de escutar a imobilidade do universo, temos acesso a um enorme poder, que se expressa por radiante confiança, carisma e clareza. Super-heróis demonstram essas qualidades em sua serena dignidade e humildade. São impecáveis e autênticos em suas ações. Mesmo sua linguagem — as próprias palavras que usam para se comunicar — reflete essa compreensão do poder da intenção. São honestos e genuínos, dizendo claramente o que pensam, sem dubiedade, e alinhando suas ações às mais elevadas intenções. Super-heróis não sentem necessidade de provar sua virtude ou de expressar seu idealismo. Não precisam. Sua onisciência, onipotência e onipresença são parte de tudo que fazem.

Tenha em mente que, como nós, os super-heróis não são perfeitos. Em certos momentos eles podem lutar com sua imagem pessoal, se preocupar com reputação ou com o que outros pensam. Mas o importante é que os super-heróis têm consciência dessa outra dimensão e de como ela se diferencia do *self*. Também aprenderam as habilidades para solucionar essas lutas intermitentes. Como resultado, os super-heróis têm consciência de que alinhando-se com o ponto de vista de seu verdadeiro eu, não apenas com sua imagem pessoal, podem exprimir magnificência em todos os momentos de seu ser, pensar, sentir e fazer.

Isso ecoa a ideia da tradição cristã de que Deus cria os humanos à sua própria imagem, não apenas fisicamente, mas metafisicamente. É semelhante às grandes mitologias antigas e modernas — de Zeus a Tempestade — nas quais deuses e deusas se transformam em homens e mulheres.

Nosso corpo é feito de 1 trilhão de células (mais que o número de estrelas e planetas na Via Láctea), cada uma das quais, estima-se, faz cerca de 6 trilhões de coisas por segundo, e toda célula sabe instantaneamente o que as outras células estão fazendo. Essa é a mágica, o mistério e a alquimia da existência. O grande poeta sufi Rumi resume belamente: "Atenção! Quando você vir seu reflexo, será ídolo de si mesmo!".

A Lei da Transformação é uma parte fundamental do arsenal de todos os super-heróis, porque permite a eles, e a nós, ir além da empatia cotidiana e verdadeiramente perceber o mundo a partir de um número infinito de pontos de vista. Essa realidade que você e eu vemos diante de nós é simplesmente um acordo entre nós — uma coalizão de vontades. Quando verdadeiramente compreendemos que os limites entre nós são conceituais e produzidos por nós mesmos, somos capazes de ir além deles. Sermos capazes de ver e compreender o mundo de uma posição de preocupação e compaixão partilhadas é nos abrirmos à verdadeira maravilha do universo, na qual a existência cotidiana é inspirada e todo desafio aceito com confiança e criatividade.

De modo que se possa descobrir as implicações práticas da Lei da Transformação, eis alguns exercícios específicos:

1. *Reconheça e questione suas crenças limitadoras*, quaisquer que sejam. Quase todos, que não os super-heróis, têm crenças limitadoras. Compreenda que todas as crenças são limitadoras. Se você tem uma crença limitadora, ela se tornará sua realidade; por exemplo:

   "Nunca perderei peso..."

   "Nunca terei sucesso..."

   "Nunca conseguirei amor..."

2. *Refletir sobre a natureza ilusória das crenças limitadoras o liberta*. Qualquer que seja sua crença limitadora, pergunte a si mesmo:

   Com base em quê eu acredito que isso é verdade?

   É verdade?

   O que me faz acreditar ser verdade?

   Como essa crença limita minha capacidade?

   Como adotei isso?

   Preciso disso?

   O que aconteceria caso não a tivesse?

3. *Expanda seus limites.* O super-herói não se identifica com um corpo particular ou como uma mente específica. Reconheça os papéis que interpreta — pai, cônjuge, irmão, empregado, torcedor, apaixonado por carros e assim por diante, mas entenda que é o ator eterno subjacente que veste diferentes máscaras em diferentes momentos. O super-herói diz: "Sou todos os corpos e todas as mentes. Sou o universo". Use o mantra "eu sou" ou "Ah-hum" para recordá-lo dessa identidade permanente. "Eu sou" não possui rótulos e tem o potencial de infinitas possibilidades.

4. *Pratique a transformação por intermédio da arte de mudança de forma.* Desconstrua-se. Deixe que em sua imaginação seu corpo e sua mente se dissolvam em uma bola dourada pulsante de puro potencial. A partir disso, brote em qualquer forma e com a consciência de qualquer ser, real ou imaginário. Torne-se um rei guerreiro e experimente como é estar nessa consciência, parecer um rei guerreiro, caminhar e falar como um, ver o mundo por seus olhos e escutá-lo por seus ouvidos. Meditando, ensaie ser o mago Merlin, o alquimista cósmico Krishna, os jovens redentores Jesus ou Buda, a deusa grega da sexualidade e sensualidade Afrodite ou a deusa da sabedoria Atena. Torne-se o vento ou uma tempestade, uma árvore, um inseto, beija-flor, águia, golfinho, guepardo, leopardo ou leão.

Não há fim para suas manifestações, porque você é muitos em um.

5. *Tenha a experiência de seu corpo de luz.* Acalme sua alma prestando atenção em sua respiração por alguns minutos. Depois volte sua atenção para o corpo e sinta tudo o que surge e desaparece. Introduza lentamente a ideia de que seu corpo está se tornando mais leve e sutil. Em vez de um corpo material, está se tornando um corpo de luz. Mantenha a consciência no corpo o tempo todo com os olhos fechados e o veja como esse corpo de pura luz com a mesma forma de seu corpo material. Sempre que por alguma razão você fechar os olhos, experimente seu corpo de luz. Em pouco tempo descobrirá que seu corpo material realmente está se tornando menos pesado, mais flexível e com mais energia.

3

A lei do poder

O verdadeiro poder é muito além do poderio muscular. Valendo-se da força do universo os super-heróis estão conectados ao momento e ligados à fonte da qual brota toda experiência, conhecimento e existência. A Lei do Poder permite que os super-heróis sejam imunes a críticas, inferiores a ninguém, destemidos e capazes de dar poder aos outros por meio de seus pensamentos e de suas ações.

Não importa de onde você seja, já ouviu falar do Super-Homem. Pode não conhecer os detalhes de sua origem ou seu planeta natal, Krypton, nem estar familiarizado com milhares de revistas que contaram suas aventuras, mas sabe qual o nome que o enorme S estilizado impresso em um escudo em seu peito representa, e provavelmente reconhece a capa vermelha que tremula às suas costas.

O Super-Homem é *o* super-herói definitivo. Não é apenas um ícone da cultura pop americana; é um ícone global. Desde sua criação em quadrinhos em junho de 1938 o Super-Homem apareceu em séries radiofônicas, programas de televisões, vários filmes, tirinhas de jornal, revistas em quadrinhos, *graphic novels*, folhetins e videogames. É o antepassado do super-herói moderno e um símbolo de poder em quase todas as culturas. Representa a realização do impossível, não apenas por ter superpoderes de outro mundo mas também porque ele em si representa uma força e uma supremacia que com frequência transcendem as dos outros super-heróis e que de fato definem o *éthos*.

A maioria das pessoas associa o poder do Super-Homem a seus traços greco-romanos clássicos — peito robusto, maxilar quadrado e músculos grandes e vigorosos. Ele é um deus grego de capa e malha. Além disso, há seus conhecidos superpoderes — a força sobre-humana, invulnerabilidade, sentidos ampliados (como visão de raios X ou audição supersensível) e capacidade de voar — que de todas as formas definem um super-herói. Mas o poder do Super-Homem é mais profundo. Seu verdadeiro poder é o da presença e o controle de seus sentidos. Mas não é possível adquirir essas habilidades sem dominar a Lei do Equilíbrio e a Lei da Transformação.

Os super-heróis não são prisioneiros do conhecido. Tudo que é conhecido já aconteceu. Operar apenas nos limites do conhecido produz uma ligação com a certeza, e embora isso possa gerar uma falsa sensação de conforto e segurança, na verdade inibe a evolução emocional, pessoal e espiritual.

O desconhecido existe no âmbito da possibilidade. De fato, o desconhecido é por definição um campo de infinito potencial e está constantemente se manifestando como o conhecido em todos os momentos do presente. Portanto, o presente momento é o ponto de contato entre o desconhecido e o conhecido, entre o não manifesto e o manifesto. Ali estão alicerçados os super-heróis — na consciência centrada na vida do momento presente. Isso é literalmente o *poder da presença* — estar livre do passado e do futuro e ter infinita flexibilidade em cada momento à medida que se desenvolve. Consequentemente, os super-heróis compreendem que a melhor forma de manifestar um futuro evolucionário é viver à beira da consciência sem escolhas.

Consciência sem escolhas é consciência que permite à inteligência universal se expressar sem esforço e espontaneamente. Super-heróis sabem como permitir que essa inteligência universal flua por eles. Pense em atletas olímpicos, grandes artistas, bailarinos, músicos, poetas ou líderes — pessoas comuns que se elevam ao extraordinário permitindo que a consciência flua através delas. Para os atletas, é quando deslizam "para a zona" e tudo no campo de jogo ou na quadra desacelera. Eles podem sentir o movimento seguinte do adversário ou ver onde a bola estará e se colocar na melhor posição para acertá-la. Em essência, eles *se tornam* o jogo. Para os bailarinos, a música some, suas batidas e seus ritmos se fundem naqueles da própria natureza, e os dançarinos se tornam um com a dança. Esses poucos exemplos mostram pessoas em contato com a energia primordial da consciência. Todos nós temos o potencial de usar essa habilidade e de descobrir os dons do verdadeiro poder.

Nesse estado, fazer escolhas certas espontaneamente e tomar as ações certas espontaneamente são impulsos naturais. Neste caso, "espontaneamente" significa que as escolhas não são condicionadas pelo fardo da memória ou que antecipem uma reação específica. Para os super-heróis isso leva à revelação: "Eu uso lembranças, mas não permito que as lembranças me usem".

Quando permitimos que as lembranças nos usem, é fácil nos tornar vítimas delas. Muitos de nós temos dentro demônios escondidos que podem fazer com que avançar em nossa trilha espiritual ou emocional seja um desafio.

Com muita frequência podem ser fantasmas do nosso passado — relações tóxicas, experiências de agressão, medo de incerteza emocional — que nos desencorajam de aceitar novos desafios ou de mergulhar em novas relações com abertura e vulnerabilidade. Contudo, nosso eu super-herói não é abalado ou desencorajado por essa incerteza; a recebe como uma oportunidade de colocar em ação a criatividade e de buscar redenção a todo momento.

Quando escolhemos usar lembranças, mas elas não são um fardo e não nos prendemos ao resultado, nos tornamos criadores. Sabendo disso, os super-heróis fazem escolhas evolucionárias espontâneas. Escolhas evolucionárias são aquelas em sincronia com o cosmos e que levam paz, harmonia e amor a todos aqueles afetados por essas escolhas. Estar alinhado com as forças fundamentais do cosmos torna todas as escolhas fáceis, e os resultados fortalecedores.

Super-heróis se movem e agem com graça e poder. Sabem que o verdadeiro poder não exige força, mas *finesse*, noção de tempo e execução habilidosa. De modo ideal as ações dos super-heróis não enfrentam resistência e eliminam as trevas lançando a luz que brilha dentro deles. Essa luz não é moralismo ou ativismo radical, mas uma bondade instintiva e uma energia que nasce no cerne deles.

Se você pensar nisso provavelmente será capaz de recordar de um momento em sua vida em que por alguns momentos assumiu qualidades super-heroicas. No meu caso, aconteceu no início de minha carreira médica, quando fui para os Estados Unidos, no começo dos anos 1970.

Eu não tinha muito dinheiro, e para sobreviver em Boston, onde o aluguel era muito alto, fazia vários plantões em muitos hospitais, com frequência passando longos períodos sem dormir nada. Durante o dia eu fazia rondas, visitando pacientes, preenchendo fichas e dando receitas, mas passava as noites na emergência. A medicina era diferente ali. Tinha uma intensidade e exigia uma agilidade e uma rapidez de reação diferente de qualquer outra área de meu trabalho ou de minha vida.

Certa noite estava de plantão em um hospital no centro pobre da cidade, um bairro habitado em sua maioria por pessoas de baixa renda. Pouco depois da meia-noite do que havia sido uma noite bastante tranquila até aquele momento, dois paramédicos entraram rapidamente na emergência com uma mulher ensanguentada em cima de uma maca. Como de hábito, gritaram quais eram seus ferimentos e sua condição enquanto passavam a mulher para mim e para as enfermeiras. Era evidente por um ferimento medonho do lado do crânio que a mulher havia sido baleada na cabeça. Eu conferi os sinais vitais. Não havia pulso, os olhos não estavam dilatados e ela não respirava. Tecnicamente ela já estava morta, e sua única chance de "voltar" dependia de sermos capazes de ressuscitá-la. Infelizmente, tiros, facadas e outros ferimentos horrendos não eram totalmente incomuns naquela área da cidade. Tratar de vítimas de agressão doméstica e violência de gangues se tornara algo rotineiro para mim. Contudo, ao observar a mulher, percebi outro detalhe: ela estava grávida. De repente tudo se tornou frenético.

O útero é um espaço altamente protetor onde, ao longo de nove meses, um embrião é alimentado; uma fisiologia e um sistema nervoso humanos, construídos; e um bebê, aperfeiçoado. O útero é, na verdade, uma das criações da natureza mais extraordinariamente refinadas e, como tal, preparado para suportar um volume enorme de pressão, estresse e turbulência. Ainda assim, qualquer profissional de medicina sabe que a privação de oxigênio pode ter efeitos catastróficos no cérebro e na fisiologia de um bebê, e, claro, após um período prolongado, isso pode levar à morte.

Examinando a cena, soube instintivamente que o tempo estava se esgotando para o bebê. De fato, não tínhamos nenhum instante a perder, então fiz o que tinha de fazer. Eu retirei a mãe da maca e a coloquei no chão, apanhei um bisturi esterilizado em uma bandeja próxima e o cravei no abdome.

Deixando de lado os detalhes sanguinolentos, em segundos eu estava tirando um bebê prematuro do útero de sua mãe morta. Uma enfermeira tomou de mim a criança que chorava, cortou o cordão umbilical e em poucos minutos colocou o bebê em um respirador, pelo qual recebeu todo o oxigênio de que precisava. Eu olhei para o chão coberto de sangue — dois assistentes estavam removendo o corpo da mulher, e um faxineiro já esfregava o piso. Eu me dei conta de que havíamos perdido uma vida naquela noite, mas resgatado outra da beira do abismo da morte.

Como era meu hábito na época, eu me retirei para a sala dos médicos, onde costumava relaxar com um cigarro e um café preto. Mas dessa vez mal consegui me sentar, quanto mais impedir que as mãos tremessem. Adrenalina corria pelo meu corpo. Refletindo sobre o que havia acontecido, eu vivia um conflito; estava empolgado com a glória de ter salvado uma vida, mas atormentado pela horrenda tragédia daquela que havia sido perdida.

Sabia que aquilo que fizera na emergência — uma combinação perfeita de conhecimento, instinto, autoconfiança, precisão e destemor — era fruto de algo primordial dentro de mim, porque enquanto a adrenalina começava a se diluir eu me via cada vez mais arrasado por saber que o bebê que havia salvado provavelmente teria uma vida muito difícil, sem nunca ter conhecido a mãe.

Aqueles com qualidades de verdadeiro poder não precisam vestir uma malha colante nem uma capa vermelha para ser reconhecidos. Eles irradiam confiança de dentro, projetando-a para fora em sua aparência. Como resultado, o poder é uma parcela integral de sua pessoa, não um traço ou característica atribuído a ela. Eles não sentem a compulsão de exercitar os músculos, de estufar o peito ou de declarar ao mundo: "Olhem para mim!". Na verdade, esse tipo de postura normalmente é um disfarce para o oposto — insegurança e narcisismo profundos que exigem reforço constante.

Ao contrário, os verdadeiramente poderosos vivem em um estado de eterna calma. Não temem o futuro, sentem-se confortáveis com a incerteza e a todo momento preparados, tendo as infinitas escolhas à sua disposição oferecidas pelo desconhecido. Eles não afundam em arrependimento, não sentem culpa pelo passado nem caem na armadilha de velhas condições ou de velhos hábitos. Isso não significa que não analisem e reflitam, mas não são prisioneiros de emoções e circunstâncias que já vieram e foram e não podem ser mudadas. Consequentemente, sua linguagem corporal demonstra a facilidade com que interagem com o mundo. Pessoas poderosas se sentem à vontade consigo mesmas, preparadas a qualquer momento para qualquer coisa que se esconda no instante seguinte, e confiantes em sua capacidade de reagir com criatividade e graça diante de todas as situações. Quem dentre nós não quer dominar essa habilidade?

Embora a imagem do Super-Homem seja familiar a milhões, sua mitologia apresentada em milhares de histórias em quadrinhos nos últimos 80 e tantos anos é vasta. Eu perguntei a Gotham se ele tinha uma história preferida no enorme arquivo.

Ele respondeu sem hesitar.

— *O Que Aconteceu ao Homem de Aço?*, de Alan Moore.

Dez anos depois de o icônico super-herói Super-Homem ter sido visto pela última vez, um jornalista chamado Tim Crane está investigando o que aconteceu com aquele que um dia fora o maior protetor do planeta. Sua busca revela que o último confronto do Super-Homem foi contra sua antiga nêmese Lex Luthor, bem como com uma série de outros antigos rivais chamados Brainiac, Bizarro, Homem-Brinquedo, Prankster e outros. Temendo grande perigo por causa de seus esquemas diabólicos, o Super-Homem leva alguns de seus amigos íntimos — destacando-se Lois Lane — para sua famosa fortaleza da solidão, onde acredita que estarão em segurança. Mas o perigo penetra até mesmo lá, e a infame liga dos supervilões acaba assassinando vários deles. Enfurecido por essa violência, pela perda dos amigos e pela ameaça aos sobreviventes, o Super-Homem viola sua própria regra prezada de nunca matar, e elimina um dos vilões. Dando-se conta do que havia feito, o Super-Homem espontaneamente entra em uma câmara com kriptonita dourada (que elimina totalmente seus poderes) e permanece dentro dela, que se desloca para o deserto ártico, onde acaba desaparecendo, e supõe-se que o Super-Homem morre.

Mas não termina assim. O final da história contada por Lois (uma das sobreviventes do ataque à fortaleza) é diferente. Quando o repórter parte, o marido trabalhador suburbano de Lois se revela nada menos que o próprio Super-Homem. Sem seus poderes, ele atende pelo nome de Jordan Eliot e trabalha como mecânico, totalmente satisfeito de passar os dias como marido e pai comum.

"O Super-Homem era valorizado demais", declara ele. "Envolvido demais consigo mesmo. Achava que o mundo não podia sobreviver sem ele." Jordan dá de ombros, muito satisfeito com seu passado heroico e com seu atual tédio.

A seus pés, o filho pequeno do Super-Homem brinca com o que parece ser um pedaço de carvão. Ele o aperta na mão, e quando a abre surge um diamante. Ah, continua a haver esperança. O garoto dá a piscadela e o sorriso que são a marca do pai enquanto os pais vivem felizes para sempre.

É uma grande alegoria. A kriptonita do Super-Homem não é realmente um estranho elemento verde iridescente de um planeta distante (como apresentada em quadrinhos, séries de televisão e filmes), é seu ego. Mais que apenas uma noção exagerada do eu, é na verdade uma noção de eu distorcida que acaba com o Super-Homem. Ele havia sido capturado por sua própria mitologia pessoal e perdeu de vista seu objetivo e sua ligação profunda com a verdadeira fonte do poder. Ele permitira que as coisas se tornassem pessoais ao fazê-lo, destrutivas.

Como indivíduos, coexistimos com a consciência ao redor de nós. No momento em que começamos a nos ver como isolados dela, desconectados do ecossistema ampliado composto por todos os outros e por nossa evolução coletiva, sabotamos nosso próprio poder. Esse é o nascimento de desespero, desesperança e fraude, e é uma ameaça onipresente — não apenas no mundo dos super-heróis e supervilões, mas também no nosso. A escuridão dessa ameaça adensa quanto mais perdemos de vista nossa verdadeira identidade. O poder, por outro lado, é fruto de conhecermos nossa verdadeira identidade. Nossa verdadeira identidade não está isolada de tudo que existe. Estamos emaranhados de corpo e alma a todos os seres. Nossa mente troca significados por meio de relações e transferem significado a gerações futuras por meio de cultura e educação.

Sabendo disso, os super-heróis exprimem um anseio pelo bem maior. Não têm um investimento pessoal no poder, e ainda assim são a encarnação dele. Esse conhecimento torna invencíveis os super-heróis.

Utilizando o verdadeiro poder e reconhecendo a força do universo que pulsa através de nós, podemos começar a agir e pensar com precisão, graça e empatia. Irradiamos confiança e força em tudo que fazemos.

Esse poder real ou verdadeiro deriva de responder a duas perguntas fundamentais que são interligadas:

Quem é você?
O que deseja?

Apenas sabendo quem realmente somos — além dos vários papéis que interpretamos em nossa vida (pai, filho, cônjuge, empregado, chefe etc.) — e nos identificando com aquele *self* transformacional podemos começar a responder à pergunta de o que realmente queremos conquistar. A maioria dos super-heróis pode responder a essa pergunta porque, primeiramente, eles já estão em contato com seu verdadeiro eu, que vai além de seus próprios egos individuais, e, depois, a maioria deles trabalha por um bem maior de modo que consigam um mundo mais sustentável e feliz. Mas, como mostra o Super-Homem na história anterior, mesmo os super-heróis podem algumas vezes perder o rumo.

Pense nisso em seu próprio contexto. Muitos de nós perdemos de vista nossa verdadeira identidade ao nos ligar a coisas materiais. Nós nos definimos pelas roupas que vestimos, pelo carro que dirigimos ou pela casa em que vivemos. Nós nos esgotamos nas buscas diárias que cobrem nosso ego — que fazem com que pareça alternadamente despossuído (pela falta de bens materiais) e carregado de bravatas e poder superficial (pela acumulação de bens materiais).

E nós nos desconectamos da parte mais profunda de nosso eu. Esquecemos do verdadeiro poder, do eu transformacional que se esconde abaixo e que está em contato com nossos ideais mais elevados, pessoais e planetários. Uma vida inteira pode se passar sem que entremos em contato com aquela parte verdadeira de nós mesmos, fonte do verdadeiro poder. Deixamos de nos perguntar o que realmente queremos de nossa vida e, mesmo quando o fazemos, a maioria de nós não consegue ir além da resposta mais banal.

A maioria das pessoas responde à pergunta sobre o que realmente deseja dizendo que quer um salário mais alto, um carro mais legal ou uma casa melhor. Outros, talvez um pouco mais reflexivos, dizem querer enviar seus filhos para as melhores escolas, cercá-los de segurança e recursos e garantir que tenham futuro brilhante. Mas se, como uma criança, você continuar a perguntar a elas por que desejam essas coisas, a maioria acaba respondendo que deseja por supor que atingir esses marcos é o que as fará mais felizes. Nesse caso felicidade é um estado de plenitude, calma, segurança e estima. E ver que aqueles que amamos estão seguros, garantidos, plenos e felizes nos deixa felizes. Em outras palavras, felicidade é a chave. É o que buscamos, mesmo que criemos uma elaborada gincana para conseguir.

Embora bens materiais maiores e mais caros possam ser símbolos de conquista e sucesso, e frequentar as melhores escolas ou locais de trabalho de prestígio possa oferecer segurança, esses são falsos substitutos para a verdadeira felicidade. Conquistas materiais e crachás de prestígio são antídotos que usamos contra o mal que o ego nos faz. A própria felicidade e a busca disso ao ajudar os outros a consegui-la são qualidades do eu mais elevado. Investigando e escutando nosso eu mais elevado começamos a compreender o que realmente queremos. Somos lembrados de que a felicidade é um estado de ser mais bem atingido alternadamente dando e recebendo felicidade. E isso é o cerne do que grandes super-heróis como o Super-Homem fazem.

Os super-heróis veem a ligação ao conhecido como uma falsa sensação de segurança, e reconhecem que a luta pela segurança (nossa tradicional compreensão de poder) é, ironicamente, a base de toda insegurança. Super-heróis fazem o que precisa ser feito de forma impecável e com a mais elevada motivação pelo bem maior, e deixam os resultados ao desconhecido. Eles se concentram na ação, não nos frutos da ação.

Super-heróis se deslocam pela vida com fluidez, visão e idealismo. Não são detidos por inconveniências menores, físicas ou emocionais, e sempre veem o mundo de um ponto de vista amplo e holístico. E são essas qualidades e esse ponto de vista que criam as bases para seus ditos superpoderes.

Como já discutimos, um superpoder é uma capacidade muito especial que surge quando super-heróis entram em contato com seu ser mais interior, chamado de *self*. Super-heróis se dão conta de que esse *self* do indivíduo é também o *self* do universo. A base do seu ser é a base de toda realidade e tudo que existe. Atuando a partir desse plano do ser, os super-heróis não estão à mercê do ambiente, eles criam seu próprio ambiente.

Nas mitologias clássicas, essa base de toda realidade costuma ser personificada em uma figura divina. Personagens como Zeus, Hércules, Atlas e, nas tradições orientais, o Senhor Vishnu, participam de buscas míticas nas quais utilizam seus poderes para ajudar outros a superar obstáculos ou combater o mal iminente. Eles com frequência invocam poderes sobre-humanos, os elementos e forças da própria natureza ou qualidades místicas, de modo a derrotar seus adversários. Ao mesmo tempo, a despeito do fardo da graça divina, também estão profundamente ligados a nós por causa de sua humanidade.

Nas modernas narrativas de quadrinhos, Mulher Maravilha e Thor são exemplos de super-heróis que encarnam literalmente antigos deuses gregos. Como resultado, levam com eles responsabilidades divinas com éons de idade, oriundas de reinos de outro mundo, e ainda assim estão firmemente alicerçados no mundo humano, o que os liga a nós.

Na antiga história grega o deus Atlas era na verdade um titã e predecessor de Zeus que resistiu ao novo rei dos deuses. Quando Zeus e seus irmãos superaram os titãs, como punição Zeus obrigou Atlas a literalmente levar o peso do mundo nos ombros. A imagem de Atlas carregando o globo sobre os ombros largos se tornou um ícone de gerações, e se aplica a todos nós de forma bastante real. Aqueles que aspiram à grandeza, a se tornar eles mesmos super-heróis, precisam também aceitar maior responsabilidade. Precisam entender essa ligação fundamental entre o *self* individual e o *self* planetário. Isso sem dúvida é um fardo, mas também a fonte de grande poder e uma oportunidade de mudar consciências.

Como Zeus no panteão grego, Vishnu é o ser supremo da tradição hindu, responsável por comandar a política de seu vasto panteão, mas também constantemente reencarna como seres divinos e mortais, para poder ajudar a solucionar um desfile interminável de problemas que afligem a humanidade. Mas não é apenas o que ele faz, é como ele o faz que o eleva a outro plano.

O que Zeus e Vishnu têm em comum é não apenas o exercício de grande poder mas como eles o usam para fortalecer os outros, mudar consciências e perpetuar a evolução dos seus. Nas antigas mitologias indiana e grega, com frequência grandes demônios, pestes e outras nêmeses brotam dos oceanos, são espalhados por vulcões ou concebidos nas areias do deserto. Essas forças das trevas ameaçam aniquilar a humanidade, e simplesmente seu surgimento costuma produzir grande pânico e caos. Isso serve como a convocação do herói à ação; quando ele reconhece que o planeta ou seu povo estão ameaçados, é uma ameaça pessoal. Não há barreira entre o *self* individual e o *self* universal, de modo que, quando este último é atacado, o *self* individual precisa reunir suas defesas e estar à altura da ocasião.

Essa é a matéria de que são feitas as grandes histórias mitológicas e de super-heróis. Mas ela também tem aplicações práticas. Quando enfrentam graves desafios algumas pessoas reagem com medo, enquanto outras são fortalecidas por seu destemor. E, afinal, o destemor é uma qualidade, fruto do conforto com a incerteza. Aqueles que estão à vontade com a incerteza e não se intimidam com o momento raramente sentem medo, e nunca permitem que essa seja a emoção predominante em suas escolhas.

O que você mais teme na vida? Os medos da maioria das pessoas têm origem em traumas de infância, sentimentos de abandono ou vulnerabilidade não solucionados. Ou elas temem o fracasso — como não atender às expectativas em seu trabalho ou em suas relações. Qualquer que seja o caso, o medo costuma ser o maior empecilho a investigar a verdadeira fonte de nosso poder.

Os super-heróis sabem disso. Lanterna Verde, o homem sem medo; Demolidor, cujo pai o ensinou a nunca temer nada ou ninguém; e Punho de Ferro, cujo destemor define sua história — todos demonstram o poder que surge quando reconhecemos o que é aquilo que mais tememos, lidamos com isso, o transformamos e então somos capazes de extrair nossa verdadeira força pura. Há um enorme poder no destemor — a oportunidade de verdadeiramente experimentar o mundo como ele é, sem precondições, expectativas ou a necessidade de validar cada momento impondo um julgamento a ele.

Gotham também partilhou comigo recentemente a história de outro super-herói que exemplifica a Lei do Poder. Um jovem, Matt Murdock, está andando pelas ruas de Nova York quando vê um idoso cego prestes a se colocar na frente do tráfego. Quando Murdock empurra o homem para fora do caminho, um caminhão desvia de repente e um frasco cai do reboque. Cheio de material radiativo, o frasco acerta o rosto de Murdock, e a despeito dos esforços de vários médicos ele perde a visão definitivamente. Mas embora a visão tenha desaparecido, os sentidos restantes parecem se fortalecer. Ele consegue sentir o mundo ao seu redor como um organismo vivo, respirando e pulsando, a realidade como uma única experiência em desenvolvimento em vez de uma percepção predeterminada. Isso se manifesta em um superpoder, um radar interno que simula contornos que ele consegue identificar no ambiente ao seu redor. Matt Murdock, o homem sem medo, torna-se o Demolidor.

A maioria das pessoas é prisioneira de sua percepção; sua realidade é uma falsa promessa construída sobre uma falsa premissa. Para elas, *ver é acreditar*. Não para o Demolidor. Ele é poupado desse enigma. O desconhecido é sua realidade. O desconhecido vive dentro dele. Todos os momentos fluem através dele, o nexo entre o agora e o seguinte (o futuro). O Demolidor leva os superpoderes a um nível totalmente diferente — ele pode não ser capaz de literalmente ver o que está bem à sua frente, mas pode literalmente sentir o que está do outro lado da esquina. Como ele mesmo diz (para outro personagem, chamado Mercenário): "Você é bom, garoto. Admito isso. Mas eu? Eu sou mágico".

Os super-heróis não precisam compreender o mistério do universo. Eles *são* o mistério. Seu poder é interior e, quando integrado e compreendido corretamente, se expressa fisicamente de uma forma visível. O poder interior vem de conhecer a verdadeira mecânica do universo, a interconexão de todas as coisas se elevando juntas. Só podemos aprender como exercer o poder quando podemos realmente ter essa consciência.

O poder dos super-heróis é o poder do universo. É singular, infinito, puro e eterno — de onde viemos antes de nascer e para onde vamos quando morremos, e o que reside dentro de nós silenciosamente por toda a nossa vida.

Feche os olhos e encontre o silêncio entre seus pensamentos. Esse silêncio eterno é a verdade no cerne da criação, e é sua alma. Quando estamos consistentemente em contato com ela, ligados a ela e a compreendemos como nossa verdadeira essência, então estamos em nossa forma mais poderosa. Nesse vazio, esse infinito vazio absoluto de toda existência, há uma nova e fresca oportunidade de usar a força mais poderosa do universo: o poder do amor e da compaixão.

Essa é a mágica que define você, eu, Demolidor e o resto de sua turma. Enquanto o poder do Demolidor deriva de investigar a sutil consciência que o cerca todo o tempo, a do Super-Homem deriva da eterna energia pura do Sol, que alimenta sua força e disposição. Seu poder literalmente vem de estar conectado a uma fonte maior ou, em seu caso, a fonte de toda energia. Isso, por sua vez, cria uma persona que pulsa e irradia com confiança, encanto, carisma e clareza. O tempo todo o Super-Homem age com silenciosas dignidade e humildade, porque não precisa provar aos outros quão virtuoso ou poderoso ele é.

Certas características de personalidade ficam evidentes quando estamos em contato com nosso *self* universal.

> Somos imunes a críticas, mas reagimos a respostas. Isso significa que nos planos emocional, psicológico e espiritual não nos sentimos nem abaixo nem acima de qualquer outro. Isso não significa que sejamos arrogantes ou vaidosos, mas uma silenciosa confiança e dignidade irradia de nós e resulta em um destemor e em uma disposição de aceitar criativamente qualquer desafio. Também significa que nunca somos vítimas da pretensão, pois sabemos que toda pretensão é uma forma de autopiedade disfarçada.

> Não temos necessidade de aprovação e controle. Isso significa que nossas ações independem das opiniões dos outros e estão descoladas de quaisquer expectativas. Somos motivados por nossos próprios instintos poderosos e por seu resultado evolucionário, não por termos qualquer expectativa de retribuição.
>
> Fortalecemos os outros ao permitir que sejam eles mesmos. Isso significa que reagimos às pessoas sem pré-condições e pré-concepções. Aceitamos as pessoas como são e não as forçamos a se ajustar a nossas necessidades e expectativas. Agindo assim, fortalecemos os outros para que também exprimam todo seu potencial.

O verdadeiro poder não pertence a você ou a mim. Não pode ser contido no corpo de um único ser, nem há como deparar com ele seguindo alguns poucos passos padronizados. É *ser*. Flui por meio de nós quando estamos conectados com o momento, ligados na fonte mais profunda da qual toda experiência, todo conhecimento e existência emergem e ao qual retornam. É caos contido, um ato de compaixão, graça, empatia ou assistência que você pode oferecer a seu próximo a qualquer momento. Não há ato de maior poder que erguer os outros de um momento de desespero, conduzindo-os para fora de suas trevas e fortalecendo com esperança.

Quando as pessoas realmente assumirem seu eu super-herói e entrarem em contato com aquele profundo poço de poder interior, começarão espontaneamente a exibir certos atributos que demonstram poder e carisma. Mas antes que se dê essa plena transformação podemos iniciar o processo voltando nossa atenção para tipos específicos de comportamento que levam à emergência do eu super-herói.

Autenticidade é um dos aspectos mais importantes do verdadeiro poder. No que diz respeito a sua linguagem, integridade, ações, e mesmo pensamentos e intenções, os super-heróis enfatizam a autenticidade acima de tudo mais. São honestos e genuínos, dizem claramente o que pensam sem dubiedade, e ajustam seus atos a suas intenções mais elevadas.

Intenção é outra qualidade vital no cerne daquilo que diz respeito ao verdadeiro poder. A Bíblia apresenta isso no livro de João, que começa com a frase: "No princípio era o verbo (...)". Da mesma forma nas escrituras orientais acredita-se que *Om* é o som primordial do universo — a origem de toda criação. A essência dessas ideias é que nossas palavras têm poder, pois contêm nossas intenções, que movem nossas ações. Assim, tornar-se consciente das palavras que usamos é uma qualidade muito importante a encorajar em nosso eu super-herói.

Quando estamos consciente ou reflexivamente atentos a nossas palavras e intenções, nossas ações estarão alinhadas com o bem maior. Simplesmente voltar sua atenção para a pessoa que você aspira ser fará que gravite na direção desse ideal. Simples assim.

Vivemos em uma época de grande conflito, cheia de "jihadistas" e "jingoístas" que surgem disfarçados ostentando superioridade e moralismo. Eles espreitam atrás de tentações, na busca infrutífera do materialismo e da falsa promessa do tribalismo, e nos conduzem de volta a nosso ego, o mundo do "eu" e do "meu", nos desconectando da mágica e do mistério profundos do universo ao nosso redor.

Na tradição dos super-heróis, heróis e vilões batalham diariamente pelo controle do destino do universo. Na vida real, nossas batalhas são em menor escala, mas a verdade é que um herói triunfante mora em todos nós, repleto do verdadeiro poder e pronto para reagir com precisão, graça, compaixão e confiança. Tudo o que precisamos fazer é permitir isso, tornando-nos presentes e conscientes de nós mesmos e de nossos sentimentos. A consequência será confrontar o desconhecido e então conquistar a capacidade de extrair poder da sabedoria da incerteza. Esse não é um exercício intelectual ou o começo de um processo psicológico de desconstrução. Na verdade, pode ser conseguido em alguns passos simples.

Para cultivar a Lei do Poder, pratique os seguintes princípios:

1. *Receba todos os dias como um novo dia.* Um novo dia está livre do passado. Abandone o passado e todos os seus ressentimentos, queixas e culpa. Saiba que se aferrar a um ressentimento "é como beber veneno e esperar que ele mate seu inimigo". Saiba

que toda escolha é uma decisão entre uma queixa e um milagre.

2. *Esteja atento a qualquer tendência a reagir impulsivamente.* Quando levado por pessoas ou circunstâncias a um habitual padrão reativo, seja ele raiva, teimosia, medo, seja impaciência, simplesmente pare e observe seu impulso de reagir até que ele desapareça.
3. *Não se entregue ao luxo da distração.* Preste atenção ao que é. Escute e olhe com os ouvidos e olhos da carne. Seu corpo é um computador ligado ao computador cósmico, ou universo, e monitora tudo que acontece ao redor. Ele lhe dá sinais na forma de conforto e desconforto. Aprenda a decifrar esses sinais. Quando sentir desconforto no corpo, pergunte a si mesmo o que está acontecendo e escute sua voz interior. A resposta está lá. Quando está fazendo escolhas evolucionárias espontaneamente, seu corpo se sente confortável, sem sensações localizadas de perturbação, quase sem limites e uno com o ambiente, como um grande bailarino ou atleta. Tudo isso significa ser um bom observador. Escute com seu coração. Sinta o que está acontecendo. Escute com a alma. Pare e faça as seguintes perguntas; depois permita que suas respostas sejam espontâneas:

   O que estou observando?
   O que estou sentindo?
   Qual é a necessidade do momento?

4

A lei do amor

Amor, também conhecido como compaixão, é fruto de uma noção de ser universal e da compreensão empírica de que todo sofrimento está ligado. Os super-heróis não são vítimas da falsa crença na existência de um eu distinto. Praticando a compaixão os super-heróis assumem o sofrimento dos outros, o compreendem e aceitam e então buscam soluções criativas para conquistá-lo por meio da alegria e da equanimidade.

Para os super-heróis o amor não é um mero sentimento ou emoção. É a maior verdade no cerne da criação.

Você agora já está familiarizado com o princípio central subjacente a todas as sete leis espirituais dos super-heróis — o que de você não é quem pensa ser, especificamente o ponto de vista singular e a história personalizada que carrega na pele e nos ossos. Ao contrário, é a expansão infinita de consciência que pulsa através de todas as coisas vivas, canalizada pelo seu próprio ponto de vista. Você *é* a verdade no cerne da criação, e seus superpoderes são feitos de sua capacidade de usar as forças que existem nessa consciência.

De fato, o amor pode ser o maior superpoder que os super-heróis podem utilizar.

— Isso eu não sei — reagiu Gotham quando sugeri isso. Ele balançou a cabeça, cético. — Percepção extrassensorial, força infinita, domínio dos elementos, capacidade de ver além do tempo; quero dizer, há muitos superpoderes ao mesmo tempo simples e esotéricos, mas amor... — encerrou, a voz morrendo.

Sorri.

— Você está pensando nisso da forma errada. Não falo de amor romântico ou de emoções e afetos caprichosos, que concordo podem ser fugidios. Falo de algo diferente, de algo mais profundo.

Os super-heróis experimentam o amor como o mistério maior de toda a existência. O amor continua a ser um mistério para eles mesmo quando experimentado em sua plenitude, porque eles *são* os mistérios. Os super-heróis se dão conta de que na medida em que os seres humanos evoluem na direção da liberdade há uma expansão progressiva em sua experiência do amor.

— Certo — anuiu Gotham, intrigado, disposto a trilhar cuidadosamente esse caminho.

Eu vi uma abertura e decidi falar a língua dele. Provaria isso citando uma ou duas histórias de super-herói. Porém, não usaria nenhum super-herói de capa e malha, mas dois que juntos provavelmente tiveram o maior efeito sobre a civilização humana desde sua origem.

Como era seu hábito após um dia passado no Templo, Jesus se retirou para uma colina chamada Monte das Oliveiras. Seus discípulos costumavam segui-lo, pois eram momentos em que Jesus partilhava pensamentos e lições. Mas havia algo diferente naquela noite. Depois de algum tempo Jesus se afastou do grupo, ajoelhou e começou a rezar.

Segundo os evangelhos, a postura de Jesus para aquela prece era claramente diferente da habitual. Ao orar, os judeus costumavam ficar eretos, erguendo os olhos para o céu. Jesus ajoelhado sugeria uma urgência e uma humildade diferentes de qualquer coisa antes.

Jesus então fez uma prece a Deus:

— Pai, se queres, afasta de mim esse cálice! Contudo, não a minha vontade, mas a tua seja feita!

Era a noite anterior à sua crucifixão, e Jesus sabia de seu destino no dia seguinte. Mesmo ele sentiu o fardo do seu destino, temeu não ter a disposição de suportar, e buscou a força de Deus para ajudar a fortalecer a sua própria.

A última noite de Jesus no jardim do Getsêmani (a localização específica do Monte das Oliveiras) encarna sua disposição de sacrificar a própria vida pelo amor da humanidade. É seu momento de "crescimento" e compreensão do que exatamente deve fazer de modo a salvar seu povo e ser o herói que está destinado a ser. É a Lei do Amor em ação — o poder que vem de uma compaixão tão profunda que exige um sacrifício amoroso.

Jesus sacrificou a vida pelo bem da humanidade. Buda sacrificou seus instintos inferiores para se tornar iluminado. Nas tradições espirituais esse é o objetivo maior — verdadeira libertação espiritual, liberdade do conhecido e do ciclo de sofrimento. Em nossa cultura isso geralmente é representado como o monge que medita em uma caverna ou leva uma vida serena em um mosteiro isolado, ao final desaparecendo no anonimato. Mas não para Buda.

Buda, ou "o iluminado", como era conhecido por seus discípulos nesse estágio, sugeriu que havia um passo ainda mais evoluído que a iluminação, ou liberação pessoal do sofrimento. Era partilhar com os outros a sabedoria obtida e a experiência de uma orientação superior, e assim fazendo elevá-los ao mesmo estágio. Compaixão em ação. O amor como o grande superpoder embutido no total autoconhecimento e autoconsciência.

Buda chamou de *bodhisattvas* aqueles que evoluíram até esse estágio de partilhar a grande verdade. Não surpreende que a tradução de *bodhisattva* seja "aquele de mente heroica" ou, simplificando, "super-herói".

Os grandes profetas de várias crenças certamente se incluem entre os mais poderosos e influentes super-heróis de todos os tempos. Além de Jesus e Buda, Moisés, Krishna e Maomé são alguns dos outros lendários por sua liderança, compreensão e autoconsciência. Nesses casos, eles compreenderam o princípio de que os verdadeiros líderes estão intimamente ligados a seus seguidores em um nível emocional e espiritual. Essa conexão funciona como a raiz de seus poderes.

Super-heróis não ensinam princípios nem pregam dogmas; vivem os ideais com base nos quais são criados. Esses ideais — verdade e bondade, amor e compaixão, empatia e filantropia — estão codificados em seu ser, e cada ação, juntamente com cada pensamento e intenção subjacentes, é expressão viva de seu desprendimento. Super-heróis como Jesus e Buda são as mais altas expressões de nossa civilização por serem total e completamente autoconscientes. Conhecendo a relação holística entre o *self* individual e o *self* maior e abrangente, eles estão plenamente conscientes de tudo e de todos a seu redor o tempo todo. Essa troca espontânea de energia e emoções não é temporária.

Super-heróis não *sentem* compaixão quando diante de adversidade ou de alguém que sofre. Eles *são* compaixão. Para a maioria de nós amor e compaixão são emoções temporárias e altamente personalizadas, determinadas por um clima ou situação específicos. Não para os super-heróis. Eles percebem essas qualidades de forma diferente; estão no fluxo permanente de amor e compaixão. Eles não são arrastados pela onda emocional ao ver pobreza ou sofrimento extremo, ou pela euforia da adulação e do sucesso. Para os super-heróis todos esses são impulsos que brotam de uma energia singular — a mesma energia que pulsa dentro deles. Sabem que essa energia é absoluta, mas filtrada pela experiência, a memória e o contexto de um único ponto de vista. Conscientes disso, os super-heróis podem experimentar profundamente as mesmas emoções de outra pessoa, mas reagir com sabedoria, sobriedade e criatividade.

Super-heróis sabem que mesmo o comportamento violento é um apelo por atenção e, portanto, um apelo por amor. Desse modo, eles não se permitem moralismo nem sentem a necessidade de julgar. Sabem que as pessoas estão fazendo o melhor que podem segundo seu nível de consciência. Não buscam evangelizar ou convencer os outros de seu ponto de vista. Ao contrário, conseguem sem esforço ver do ponto de vista do outro, avaliar as condições que produzem aquilo e então buscar uma forma criativa de avançar.

Os super-heróis se dão conta de que ego é falta de amor, que tem apenas uma noção limitada do *self*, que não deixa espaço para o amor verdadeiro e reduz a vida. Na linguagem comum e na narrativa dos super-heróis esse costuma ser o caso do arquivilão malvado. De fato, em inglês a palavra "*evil*", mal, é o inverso de "*live*", viver. O mal é literalmente a perversão do amor, do amor perdido, e uma necessidade desesperada de recuperá-lo.

Os super-heróis combatem o mal? Sim, combatem. Mas não têm uma aposta pessoal nessa guerra. Tendo aberto mão de todo investimento pessoal, os super-heróis são guerreiros cósmicos alinhados com as forças da verdade, bondade, beleza, compaixão, equanimidade e harmonia, e acabam com as trevas levando a luz. Mesmo enfrentando probabilidades péssimas ou impossíveis, eles compreendem que é sua responsabilidade implícita encarar os desafios que o mundo apresenta. Super-heróis se livram dos grilhões da desesperança e aceitam os problemas ao seu redor como sendo seus. Não por pretensão, arrogância ou narcisismo ególatra, mas porque os super-heróis estão literalmente conectados ao seu ambiente.

A compaixão é uma emoção viva, orgânica, que respira e vibra através deles e os liga àqueles ao redor. Super-heróis são líderes, e líderes compreendem a si mesmos e aqueles que estão liderando como um único organismo. Estão ligados intimamente e conscientes de que para evoluir é preciso haver equilíbrio emocional, coordenação e integração entre eles.

Ver o mundo da perspectiva dos outros é assumir sua pegada emocional — compreender o mundo por intermédio deles. Esse é o verdadeiro poder do amor. Compaixão, coragem e criatividade fortalecem os super-heróis e motivam todas as suas intenções e ações.

— Estive pensando nisso — Gotham me disse alguns dias depois. — Talvez você tenha percebido algo com essa coisa de superpoder do amor.

Ele estivera folheando pilhas de quadrinhos que mantinha espalhados em sua própria casa, além de em seu antigo quarto de criança, que ainda é em nossa casa, testemunho de uma versão passada dele.

— Vou lhe contar a história do Surfista Prateado.

Um jovem astrônomo patriota chamado Norrin Radd, do planeta Zenn-La, faz um acordo com uma entidade cósmica todo-poderosa chamada Galactus, que tem um apetite voraz por todas as formas de energia — especialmente por planetas inteiros cheios de vida. Para salvar Zenn-La da aniquilação, Radd se entrega a Galactus, prometendo ser o seu mensageiro. Galactus dá a Radd uma pequena parcela de seu infinito poder (conhecido como "Poder Cósmico") e a missão de percorrer o universo em uma prancha de surfe (uma fantasia infantil de Radd, daí a origem do nome Surfista Prateado) e encontrar novos planetas para o consumo de Galactus.

Inicialmente o Surfista Prateado não foi muito bem em sua missão, identificando apenas planetas desolados e abandonados para seu mestre consumir. Percebendo isso, Galactus interfere e manipula o mensageiro, removendo a noção de discernimento, fundamentalmente tornando-o moralmente ambíguo e desinteressado dos cidadãos dos muitos planetas do universo e, portanto, sem preocupação com seu destino. Como resultado, o Surfista se torna ótimo em seu trabalho, identificando inúmeros planetas para seu mentor consumir e destruir, massacrando bilhões nesse processo. Juntos eles são uma peste no universo, perpetrando seguidos genocídios sem nenhuma emoção.

Mas as coisas mudam quando o Surfista Prateado chega aos limites do planeta Terra. Ele é confrontado por quatro super-heróis (conhecidos como o Quarteto Fantástico), e ao combatê-los (juntamente com Galactus, que chegou para se alimentar da energia farta da Terra) é tocado por sua nobreza. Isso o afeta mais do que poderia ter previsto. Mudando totalmente de postura, ele desafia Galactus, que, momentaneamente derrotado, foge, mas não antes de exilar o Surfista do resto do universo, confinando-o à atmosfera da Terra.

Preso à Terra, o Surfista começa a observar plenamente o planeta em todo o seu esplendor. Embora dono de um poder sem limites, ele carece de uma compreensão básica de bem e mal, sagrado e profano, o próprio paradoxo da existência humana. O Surfista conhece uma escultora cega, e por meio de sua interação com ela e devido ao tratamento gentil que dispensa, começa a desenvolver uma profunda compaixão. Totalmente mergulhado no mundo dos humanos, o Surfista passa a ver todas as suas complexidades e contradições — mal, crueldade, logro e o desespero tão prevalentes em todos os cantos do planeta, lado a lado com inacreditáveis beleza, gentileza, carinho e esperança. E, além de apenas observar, o Surfista assume essas últimas qualidades. Ele *se torna* as qualidades. É fortalecido por uma profunda compaixão, um super-herói de novo tipo cuja missão é fazer a balança pender da injustiça e do mal para a dignidade e a bondade.

O Doutor Destino e Mefisto (além de Galactus) se tornam as eternas nêmeses do Surfista Prateado — vilões ardilosos e traiçoeiros que constantemente conspiram para manter o mundo preso em um eterno armagedom. Mas o Surfista pressiona, aceitando o desafio desses adversários e até mesmo convertendo alguns deles. Alimentado por uma compaixão inesgotável para com aqueles que sofrem, o Surfista é um guerreiro do bem através do universo, um verdadeiro super-herói que responde apenas à verdade do amor que pulsa dentro dele. "Agora eu surfo os ventos eternos novamente, e ninguém será meu mestre!"

Super-heróis como o Surfista Prateado não apenas investigam as qualidades de uma consciência superior; eles as encarnam. Como no caso dos grandes profetas, seu altruísmo consiste nos mais elevados ideais que valorizamos como civilização. Quando olham para o mundo e todos nele, veem a si mesmos e perguntam: "Como posso melhorar as coisas?".

Como temos visto, a ligação entre os super-heróis — mesmo os maiores profetas das civilizações — e nós não é absurda. Cientificamente falando, neste instante 1 milhão de átomos que um dia estiveram no corpo de Jesus Cristo ou de Buda estão dentro de você. E não são apenas os mais sábios profetas da história; o mesmo pode ser dito dos maiores vilões da história. Exatamente agora, em seu corpo, se rastreássemos átomos por isótopos radiativos, você poderia encontrar pelo menos 1 milhão de átomos que viajaram através do corpo de Gengis Khan ou de Osama Bin Laden. Passaram por seu corpo 1 quatrilhão de átomos que passaram pelo corpo de todas as outras espécies vivas do planeta hoje. Não é metáfora dizer que estamos todos ligados, é uma verdade da existência.

Super-heróis compreendem isso intuitivamente. Com resultado, não consideram os problemas do mundo distintos dos seus próprios. Seu corpo pessoal é o corpo universal. Estabelecidos nessa consciência, eles se dão conta de que estar conectado ao *self* é estar conectado ao universo e a todos os outros nele. O sofrimento de alguém — qualquer um — é o seu. Essa intimidade tem seu efeito, uma inquietude que os super-heróis não conseguem ignorar.

Do ponto de vista prático os super-heróis são uma representação de nossos maiores eus. Nós os criamos como modelos para nosso comportamento. Sua capacidade de oferecer compaixão e emanar amor é em grande medida parte de nosso sistema de crenças coletivo. Porém, mais que isso, essas capacidades são um aspecto intrínseco de nosso potencial como seres humanos. Todos temos a capacidade de cultivar a Lei do Amor e de ver como a compaixão pode mudar nossa vida.

Nenhuma outra espécie tem nosso magnífico potencial. Somos a única capaz de criar poesia shakespeariana, a música de Mozart, mergulhar nos profundos mistérios do universo, ampliar as fronteiras da ciência e da tecnologia, fazer a nós mesmos as grandes questões e explorar as fronteiras de nosso próprio objetivo e significado. O paradoxo de nossa existência é que também somos a única espécie cujos membros entram em guerra uns contra os outros, perpetram crimes horrendos uns contra os outros, institucionalizam fidelidades tribais (em nome de Deus) e usam inovações tecnológicas e científicas para os objetivos mais diabólicos. Os super-heróis veem isso como nada mais que o incessante fluxo de energia, a singularidade se expressando em uma variedade de formas. Ainda assim, a reação deles nunca muda; enfrentam todos os desafios e conflitos diretamente com humildade e integridade. Não importa quais as chances, não importa a enormidade do desafio, os super-heróis nunca recuam. Encaram o futuro com coragem, criatividade e, acima de tudo, compaixão.

Muitas pessoas interpretam isso como um apelo à ação, a obrigação de se apresentar e enfrentar os problemas do mundo com incansável ativismo. Mas qualquer espécie de evangelismo militante na verdade terá efeito contrário, afastando as pessoas. Ao contrário, a verdadeira mudança é muito mais local. Ela funciona segundo o princípio ensinado pelo Mahatma Gandhi: "Seja a mudança que você deseja ver no mundo". Em outras palavras, se você quer aumentar a circulação de algo no mundo — neste caso compaixão, amor ou bondade —, *seja* o ponto de partida, e isso será organicamente filtrado e terá um efeito em tudo e em todos ao seu redor.

Um ato de compaixão pode ser simples como oferecer uma mãozinha ao vizinho, escutar os problemas de um amigo, ou sutil como cumprimentar um estranho ou fazer uma prece por alguém que sofre. Esses podem parecer atos muito pequenos, mesmo insignificantes, mas com certeza não são. Eles ativam o poder da intenção, que produz resultados palpáveis.

Há um segredo para isso: de modo que tudo funcione, a compaixão que você sente e seu oferecimento precisam ser genuínos, e não baseados em qualquer expectativa de retorno. A verdade é que, quando você lança no mundo boas intenções, elas inevitavelmente voltam para você de alguma forma. Isso é da natureza do universo, e funciona sem falhar, mesmo que nem sempre reconheçamos. Cuidado, afeto e valorização — formas mais sutis de demonstrar compaixão — só devem ser oferecidos a alguém quando fruto de autenticidade. Mas quando são, testemunhe o efeito poderoso que podem ter. Aqueles que recebem essas energias imediatamente se tornam mais fortalecidos. Em outras palavras, eles são impulsionados para a frente em sua jornada na direção de sua persona de super-herói. E testemunhe o mesmo em você — como se sente quando oferece esse amor e apoio aos outros. É apenas outro exemplo de troca dinâmica e do poder que mora em todos nós.

Quando você começa a integrar esses atos e ideias, torna-se atento às melhores qualidades e às camadas de amor em sua vida, e como pode melhor expressá-las. Os super-heróis fizeram sua jornada evolutiva em diferentes estágios de amor por intermédio do espelho de relações. Eles compreendem que todas as relações são um espelho do *self*. Vamos ver como se apresentam os estágios do amor em nossa vida.

O primeiro estágio de amor que experimentamos é *atração e repulsão*. Se estamos atentos, sabemos que somos atraídos por aqueles nos quais encontramos características que temos, mas também queremos em maior volume. Inversamente, somos repelidos por aqueles nos quais vemos características que negamos ou tentamos eliminar em nós mesmos. Sabendo disso, devemos sempre nos perguntar: "Quais são as características que me atraem? Como posso me tornar isso? Quais as características que me afastam?". Reconhecendo essas características em nós, reconhecemos que também temos internamente o bem e o mal.

Agora entendemos que ter qualidades negativas não é ser falho, mas completo. Como resultado dessa honestidade para com nós mesmos, começamos a irradiar uma humanidade simples e nada afetada que nos torna naturais e, portanto, mais atraentes todo o tempo. Na medida em que passamos do primeiro estágio do amor para o segundo, adquirimos uma qualidade chamada *segunda atenção*. A primeira atenção é ver o que todos os outros veem. A segunda atenção, por outro lado, nos permite ir além das aparências e compreender intuitivamente as camadas e os contornos mais profundos de todas as relações. Só passamos por esse nível cultivando a arte de escutar e apreciar, que é sempre sentir o que há de bom nos outros e em troca demonstrar afeto. Isso também é cuidado profundo. A segunda atenção nos permite ingressar no terceiro estágio do amor, que é a *comunhão*. A verdade é que todos temos a capacidade de comungar com as almas dos outros. Na comunhão tratamos todos como iguais e demonstramos honestidade e integridade em todas as nossas interações.

A comunhão nos conduz ao quarto estágio do amor, que é a *intimidade conosco e com os outros*. Quando alguém é íntimo de si e dos outros, há conforto com vulnerabilidade, perda da própria importância, consciência do momento presente, sensação de atemporalidade e completa naturalidade. Essa intimidade leva ao florescer da ausência de ligação, em que o amor ganha uma dimensão além do pessoal. Com essa ausência de ligação abrimos mão da necessidade de controlar, manipular ou seduzir. O amor irradia de nós como a luz de uma fogueira, concentrado em ninguém e negado a ninguém.

Nessa ausência de ligação encontramos o caminho para descobrir a verdadeira paixão. É o desdobramento das energias arquetípicas masculina e feminina em nosso próprio ser. Entre as qualidades masculinas estão ação, força, iniciativa e poder. As qualidades femininas se apresentam como beleza, intuição, criação, afeto e ternura. A refinada combinação dessas energias masculina e feminina acende os fogos da paixão em nossas ações, e o impossível se torna possível.

Finalmente, chegamos ao raro estágio da *transcendência*. Experimentamos felicidade física por intermédio do encanto da experiência sensorial. É o âmbito do êxtase mítico, quando penetramos na consciência universal e nos sentimos uno com o divino. Nesse estado fomos além de conhecer ou experimentar a Lei do Amor — de fato estamos nos tornando parte dela. E finalmente podemos dizer: "Eu sou a verdade, que é amor".

A Lei do Amor é o dom mais poderoso que podemos descobrir. Entenda que em qualquer estágio da trilha acima começaremos a experimentar as formas pelas quais a compaixão transforma nossos pensamentos e ações. De modo a ativar imediatamente essa fusão de amor e compaixão, eis algumas práticas para despertá-la:

1. *Entenda que todas as relações são um reflexo.* Pense naquelas pessoas de sua vida para as quais é atraído e, inversamente, das quais se afasta. Relacione as qualidades delas que consegue detectar e as identifique em si mesmo. Fazendo isso você se dará conta de que todos no mundo estão simplesmente partilhando sua própria consciência, e não sentirá mais a necessidade de julgar os outros com tanta facilidade.
2. *Saiba que as pessoas estão fazendo o melhor que podem de acordo com seu nível de consciência.* Compreender essa ideia fará com que você se desligue e abandone a necessidade de controlar os outros. Aceite as pessoas como elas são. E, todo tempo, esteja pronto para perdoar.
3. *Anote aqueles momentos chamados de experiências de ápice, que são suas ligações com o divino.* São momentos de alegria e transcendência, quando a medida do tempo se perde. Esses momentos costumam acontecer em reflexão silenciosa (meditação) ou intensa atividade (ioga, exercícios vigorosos ou sexo), quando você se funde com a experiência e para de julgá-la ou avaliá-la, e a si mesmo. Deixe que esses momentos sejam sua âncora.

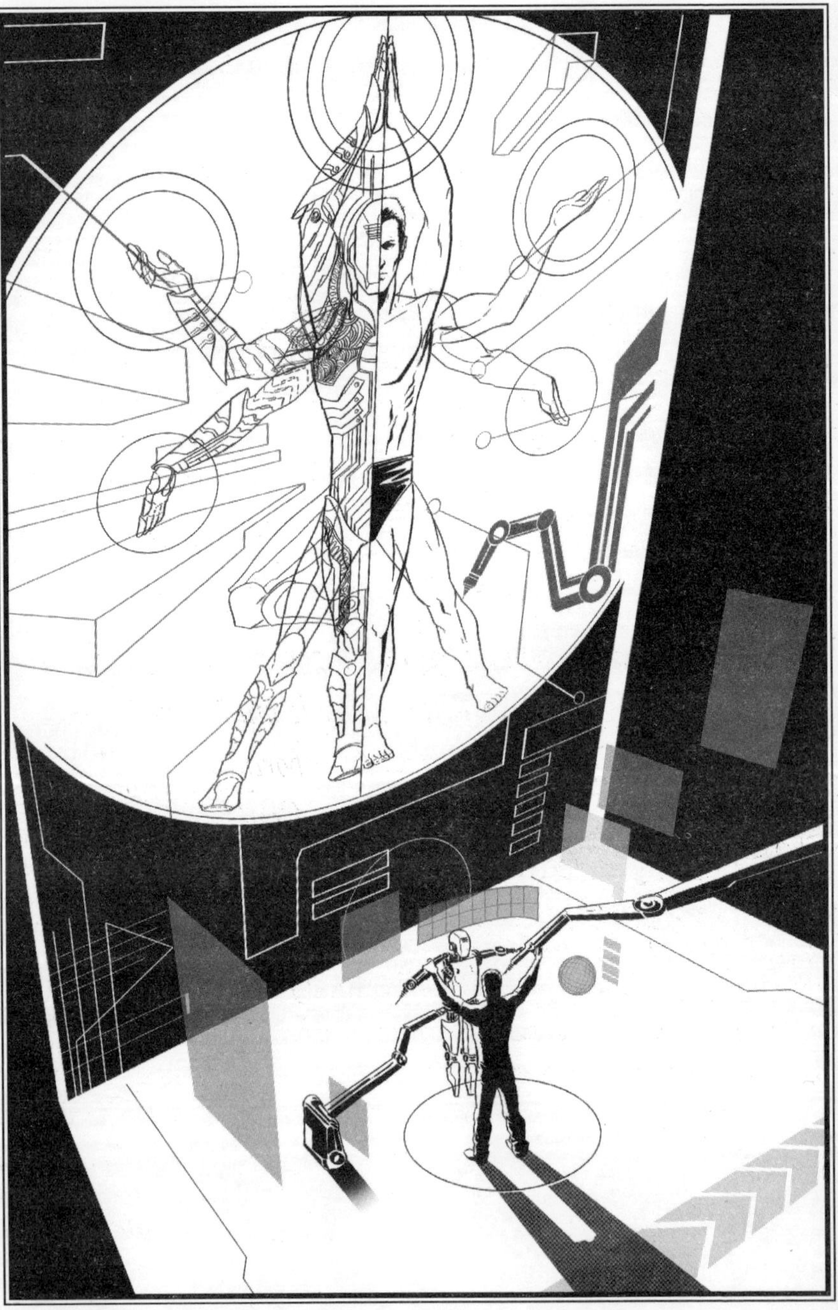

5

A lei da criatividade

A criatividade é uma das leis mais práticas que podemos usar. É a principal força que move toda a vida. Os super-heróis compreendem a importância de mudar e se libertar de pensamentos e comportamentos destrutivos ou repetitivos. Com esse conhecimento, os super-heróis têm a capacidade de superar qualquer desafio e obstáculo que venham a enfrentar.

Embora nunca tenha me considerado especialmente religioso, minha mãe o era. Toda manhã ela rezava para o deus hindu Ram, pedindo orientação e o bem-estar de nossa família. Na medida do possível ela arrastava meu irmão mais novo, Sanjiv, e eu para seu ritual. Para fazê-la feliz, nós ficávamos de joelhos e baixávamos a cabeça (e, olhando com o canto dos olhos, dávamos risinhos um para o outro), enquanto minha mãe entoava cantos que soavam familiares. Isso podia durar de dez minutos a meia hora, dependendo de exatamente em que minha mãe se concentrava na ocasião — boas notas para meu irmão e para mim, sorte no trabalho para meu pai ou bem-estar geral para quem no bairro tivesse conseguido merecer sua simpatia.

Esse realmente foi o grau de minha ligação formal com os deuses quando criança. Embora eles sempre estivessem presentes em minha vida — na Índia, como na maioria dos lugares do mundo, é difícil andar um quarteirão, entrar em um táxi ou iniciar uma conversa com alguém sem alguma referência a Deus ou a religião —, eu na verdade nunca apelara aos deuses por orientação espiritual ou avaliação. Mas embora minha mãe nunca tenha convertido meu irmão ou a mim, de modo que nos juntássemos aos fiéis, conseguiu fazer com que admirássemos os deuses. Eu tinha prazer de ler sobre os feitos de Ram, e busquei histórias semelhantes em outras culturas, dos grandes cânones grego e romano às maravilhosas histórias persas que ecoavam o mesmo tipo de aventura heroica. De todos eles, especialmente dois se destacavam: Ram, cortesia da leal devoção de minha mãe, e Ícaro, filho do arquiteto grego Dédalo. Ambos eram aventureiros da melhor estirpe, que desafiavam de muitas formas os códigos que regiam seres divinos do seu tipo e exploradores de fronteiras com as quais outros só podiam sonhar.

A história de Ícaro começa com sua prisão. O poderoso rei Minos encarcerara Dédalo e Ícaro na ilha de Creta como punição por Dédalo ter revelado os segredos do labirinto que construíra para Minos. Desesperado para escapar, Dédalo coloca sua criatividade para funcionar e, usando algumas penas e cera, constrói asas para si e para filho, a fim de que possam voar do labirinto e da ilha isolada. Mas antes de embarcar na ousada jornada Dédalo alerta Ícaro para não voar perto demais do Sol, pois a cera derreteria e as asas se desfariam.

Claro que, quando eles alçam voo e avançam, Ícaro não consegue resistir — olha para o céu sem limites acima, a luminescência do Sol aparentemente tão próxima. Na vasta expansão do todo que o cerca, Ícaro sente o impulso de testar seus próprios limites autoimpostos, um desejo ardente de explorar o desconhecido. A despeito dos avisos do pai, Ícaro abandona o caminho lento e seguro e voa mais alto. E, claro, exatamente como o pai temera, chega perto demais do Sol, cujo calor derrete a cera que une as asas, e é lançado em uma espiral vertiginosa até o mar.

Ao longo dos anos a história de Ícaro se tornou uma alegoria do alto preço que é pago ao correr riscos extremos ou quebrar as regras. Desafiando as instruções do pai e literalmente voando alto demais, Ícaro causa seu próprio fim. A sabedoria convencional é a de que moderação na vida é o melhor caminho.

Mas há outra forma de entender essa história. Ícaro é da mesma estirpe que outros grandes heróis dos antigos mitos — Ram, Odisseu, Gilgamesh, para citar apenas alguns — que abriram suas próprias trilhas, às vezes correndo enormes riscos. Ícaro ousou se elevar quando outros nunca o fariam, espiar os céus e conquistar seus segredos. Como Dionísio, que se aventurou em florestas escuras, desfiou os deuses e se entregou a lendários jogos amorosos, Ícaro era brincalhão e provocante — um ser livre que forçou os limites e se tornou a matéria de que são feitas as lendas.

Na mitologia indiana o equivalente a Dionísio é o Senhor Krishna, que quando jovem também dançou transes amorosos nas florestas com as pastoras voluptuosas que o veneravam. Mesmo entre os muitos outros deuses, Dionísio e Krishna eram vistos com desdém por violar esses tabus, desprezados como lunáticos que agiam fora das convenções aceitas.

É o que os maiores heróis fazem. Forçam limites, questionam a autoridade, desafiam regras, ferem protocolos e não apenas violam tabus como frequentemente os atacam diretamente. Nesse processo, de fato fazem algo muito inovador. Veem cada desafio de forma criativa e compreendem o princípio básico defendido por Albert Einstein: "Nenhum problema pode ser solucionado a partir do mesmo nível de consciência que o criou".

Os super-heróis existem além do mundo das convenções, pensando de modo anticonvencional. Têm a capacidade de solucionar problemas e resolver conflitos não apenas *pensando* criativamente mas *tornando-se* a própria criatividade.

Os super-heróis reconhecem sua essência como pura criatividade. Não apenas têm solução para todos os problemas como podem conceber situações e circunstâncias que nunca antes existiram. Podem ativar um contexto inteiramente novo, em que todo um novo mundo se desenrola.

Antes de continuar, vamos começar compreendendo exatamente o que é criatividade. Criatividade é um salto de consciência que dá novo sentido ou novo contexto a qualquer situação ou problema. Novo sentido ocorre quando há uma mudança de ponto de vista. Quando você interpreta um problema como uma oportunidade, isso é uma mudança de sentido. Novo contexto é fruto de uma mudança na compreensão das relações existentes em uma situação. Uma peça shakespeariana ambientada na época moderna pode produzir algumas noções inteiramente novas das condições sociais. Quando ambos mudam, algo novo e dinâmico surge.

Super-heróis nunca ficam perturbados, não importa qual seja a situação. Como a palavra "problema" não faz parte do seu vocabulário, eles veem apenas desafios e oportunidades. Sabem que em toda adversidade há a semente de algo magnífico. Super-heróis não se preocupam em buscar respostas. Não têm utilidade para elas. Vivem as perguntas e *gradualmente se encaminham para as respostas*. Em seu mundo nada dá errado nunca. Não é possível, pois eles não estão associados a qualquer resultado. Aceitam o mundo como se apresenta, reagem a ele sobriamente e então se movem na direção que desejam.

A Lei da Criatividade é um elemento fundamental do arsenal dos super-heróis, pois de fato pode ser o poder mais prático de que dispõem. Que pessoa não enfrenta desafios diariamente, seja no trabalho, seja nas relações, seja nas finanças ou mesmo nas crenças? A todo momento o mundo nos confronta com decisões que podem modificar tudo que acreditamos nos definir. Mas na maioria dos casos, quando confrontados com um desafio, conflito ou escolha, tendemos a tomar a mesma decisão de antes. Repetimos velhos hábitos e rotinas, às vezes ignoramos nossos melhores instintos, temerosos de penetrar no desconhecido e contemplar um futuro de incerteza.

É um fenômeno estranho, e não está totalmente claro por que acontece. A maioria de nós relembra momentos de grande encanto e imaginação quando crianças. Construir castelos de areia na praia, erguer fortes com lençóis e móveis, interpretar dramas com bonecas, ursinhos de pelúcia, soldadinhos de plástico ou pessoas de Lego. Mas quando nos tornamos adultos desistimos dessa imaginação em benefício das chamadas regras e dos códigos de responsabilidade. Nosso cérebro literalmente perde a capacidade de se expandir, adaptar, transformar e evoluir. Consequentemente nos condenamos a um mundo de repetição, tédio e estagnação. Sufocamos nossa própria evolução e negamos a nós mesmos a oportunidade de atingir nosso pleno potencial. Em termos de narrativa, eliminamos de nossa história todo suspense, as reviravoltas inesperadas e os momentos de revelação e redenção. Optamos por algo muito mais previsível porque parece mais seguro, mesmo que isso embote a própria experiência de ser humano.

Criatividade é a principal força que move toda a vida, a evolução e a mecânica da ciência. Vamos examinar mais atentamente um exemplo disso.

A maioria das pessoas sabe que as lagartas passam por um processo de transformação que resulta em seu estado de borboleta. Essa transformação começa no nível celular, deflagrada por um grupo específico de células chamadas "células imaginais". Elas são diferentes das outras células da lagarta, pois contêm o código e o projeto de algo inteiramente diferente, uma borboleta. Essas células imaginais na verdade são tão diferentes do resto das células que atacam o sistema imunológico da lagarta, que começa a reagir a elas.

Mas a essa altura as células imaginais estão ativas. Em resposta à resistência das células comuns, as células imaginais começam a se reproduzir e disseminar. Inicialmente o atrito entre esses dois conjuntos de células é quase violento, um cabo de guerra para determinar qual conjunto vencerá. Células — como pessoas — ganham força em número, então as imaginais passam a se agrupar de modo que reúnam forças e subjuguem as outras células, originais. Concentradas, as células imaginais começam a partilhar energia e informação umas com as outras. Como resultado, vibram e soam na mesma frequência, intensificando sua força. Imagine um exército de soldados retinindo seus sabres, prontos para a guerra. Hora do ataque!

A batalha contra as células normais continua, e como as células imaginais são mais fortes e poderosas em sua frequência unificada, começam a sobrepujar as células normais. Mas em determinado ponto do processo a resistência das células normais desaparece. Elas começam a se agrupar com as células imaginais, a adotar a mesma vibração e frequência. A crisálida em que as células estão agrupadas se torna uma máquina que zumbe, todas elas se movendo na mesma direção. Esse é o momento em que se dá a verdadeira transformação — a lagarta dá o salto quântico e torna-se algo inteiramente novo e inovador, uma bela borboleta.

Para o observador externo é nada menos que um milagre. É como se você levasse sua bicicleta à oficina e ao voltar uma semana depois para apanhá-la recebesse de presente um jato jumbo. É assim a criatividade radical da natureza. Mas se você passasse a semana inteira dentro da oficina teria podido acompanhar a mecânica do milagre.

Os super-heróis compreendem a anatomia dessa transformação quântica e reconhecem que a evolução é a mecânica da própria criação. O universo começou há 13,8 bilhões de anos, forjado a partir do nada em um pequeno ponto, menor que aquele no final desta frase. A partir de então, e até este exato instante, o universo tem se expandido não apenas na direção do infinito mas também em complexidade e em expressões inteligentes de si mesmo. O ápice desse processo é o sistema nervoso humano, onde ele experimenta a consciência de seu próprio eu. Os super-heróis olham essa gênese e se veem como o universo se conhecendo por intermédio deles. Eles são os olhos do universo olhando para si mesmo.

Exatamente agora, neste momento, você tem a oportunidade de transformar sua vida. Como a única célula imaginal que deflagra a metamorfose de uma lagarta em borboleta, também você pode disparar, por meio da sua própria criatividade, uma alteração radical em sua vida e nas pessoas ao seu redor. Não é um simples jogo mental de "mudar de postura", mas o resultado de uma progressão metódica cujos passos podem ser decupados e compreendidos.

Os super-heróis compreendem que a criatividade não é um impulso, mas um processo. Os super-heróis tornam-se mestres desse processo valendo-se do poder da criatividade por intermédio de nove passos específicos. Eis como você pode usar a Lei da Criatividade na vida:

1. *Resultado pretendido.* Tenha uma noção clara do resultado pretendido. O que você deseja criar e manifestar na vida? Imagine sua criação — como ela parece? Qual a sensação? O gosto? O cheiro? O som? Super-heróis não permitem que noções caprichosas vaguem por sua mente; eles têm metas vivas, reais, multidimensionais que esperam para se manifestar no umbral do não manifesto. Eles entendem que toda intenção neste plano real de ser é realidade esperando para ser dada à luz.
2. *Coleta de informações.* Reúna todas as informações necessárias para aquele resultado específico esperado. O resultado pretendido pode ser um estado de ser, como boa saúde e maior energia, ou a aquisição ou manifestação de algo material. Os super-heróis compreendem o significado da expressão "informação é poder". Sabem que, com a dose certa de energia, atenção e intenção, informação se transforma em sabedoria, o que coloca todas as suas ações alinhadas com todas as forças evolucionárias do universo.
3. *Análise de informação.* Pese os prós e os contras de toda escolha feita no que diz respeito ao resultado pretendido. Escute e reflita sobre o que seus instintos lhe dizem antes de agir em relação a qualquer coisa. Veja diante de si o desenvolvimento de cada possibilidade sem julgar e sem avaliar. Os super-heróis compreendem que toda escolha é uma porta para um futuro diferente, e que um número infi-

nito de futuros está à disposição. São capazes de ver a cadeia cármica de escolhas que deriva daquela única diante deles.

4. *Incubação.* Incubar significa deixar correr, algo mais bem feito por intermédio da meditação. Contudo, há muitas formas de meditação — música, dança, meditação imóvel, poesia, contato com a natureza, até mesmo o sono. (Os super-heróis usam o sono como vantagem.) Durante a fase de incubação os super-heróis permitem que a mente inconsciente processe informação relevante para o resultado pretendido. Essa compreensão inconsciente é reforçada quando há domínio da sabedoria da incerteza e do desligamento. Em outras palavras, a incubação é baseada no presente e desligada de expectativas futuras. A incubação leva espontaneamente à "experiência do arrá", ou o estalo — um salto quântico em criatividade. Se a descoberta é autêntica, leva à inspiração.
5. *Insight. Insight* é a capacidade de ver além do conhecido. Ocorre quando significado e contexto foram integrados pelos super-heróis, que podem ver sobriamente a sequência de acontecimentos produzida por uma única escolha. O *insight* também deriva de um quadro de não julgamento. Os super-heróis reconhecem que a motivação é mental e, portanto, fraca, mas a inspiração é espiritual, primordial e, portanto, impossível de deter quando oriunda de um plano puro e autêntico.

6. *Inspiração*. Estar inspirado significa literalmente "em espírito", ou em sincronia com o universo ampliado. É uma união entre o conhecido e o desconhecido, equilíbrio e harmonia de todas as forças do universo. Os super-heróis reconhecem o inerente poder dessa sinergia e maximizam a energia que ela produz para seu próprio ser.
7. *Implementação*. Quando os super-heróis finalmente agem a partir da inspiração, o fazem com elegância, no momento certo, com confiança e intuição. Essa ativação da inspiração acontece em absoluta sincronia com tudo no universo.
8. *Integração*. Assim que uma criação foi implementada, o passo seguinte dos super-heróis é a integração, que significa levar a experiência para um novo contexto e significado.
9. *Encarnação*. Com esses novos significado e contexto, surge uma nova encarnação. Nasce uma nova forma, pois é uma situação inteiramente nova. A criatividade é o ápice dessa sequência de acontecimentos — a morte do velho e a emergência de algo novo. O que aos outros pode parecer uma situação inteiramente nova, o super-herói sabe ser fruto de um processo que eles catalisaram por meio de sua própria consciência.

Como o mundo é uma projeção de nossas decisões pessoais e de histórias internas, se continuamos a fazer as mesmas escolhas sempre, repetindo as mesmas histórias, o próprio mundo começa a refletir o perfil condenado. Albert Einstein disse certa vez que a definição de insanidade é "fazer a mesma coisa repetidamente e esperar um resultado diferente". Infelizmente, a história da humanidade reflete isso com demasiada frequência. Nossas guerras intermináveis em busca de paz interminável são uma triste contradição.

Ainda assim, mesmo em meio a esse redemoinho de loucura, todo momento nos revela uma nova oportunidade de participar do mundo como o concebemos. Agora mesmo temos a opção da reação criativa. E nessa reação criativa está embutido o código de um admirável novo futuro — a bela borboleta que espera nascer daquela lagarta nervosa.

"É como o Homem de Ferro", sugeriu Gotham certa manhã quando discutíamos a Lei da Criatividade.

Eu só conhecia o nome porque havia visto anúncios do filme de Hollywood com um aparente herói usando um traje berrante — presumivelmente de ferro.

As coisas dão terrivelmente erradas quando o impetuoso, vaidoso e brilhante comerciante de armas Tony Stark viaja ao Vietnã para ver em ação algumas das tecnologias de sua empresa. Um acidente, na forma de uma bomba que explode, tem consequências devastadoras. Um fragmento penetra no peito de Stark, que se crava ao lado do coração. No caos que se segue um senhor da guerra vietnamita também o captura. O guerreiro o salvará se Stark colocar sua prodigiosa capacidade de engenharia em ação e desenvolver para ele uma arma de destruição em massa (ADM). A recusa de Stark resultará inevitavelmente em morte.

Mas Tony Stark é um solucionador de problemas. Quando outros veem problemas e dificuldades insuperáveis, ele vê oportunidade, então coloca sua criatividade para trabalhar. Diante desse dilema, Stark forja seu próprio caminho — literalmente. Ele usa suas habilidades não para construir a ADM, mas para se transformar em uma, criando um traje de aço que usa para escapar de seu cativeiro em uma fuga selvagem.

Quando Stark volta para casa com muita pompa e circunstância, inicialmente cria um sofisticado aparelho magnético que garante sua sobrevivência, embora isso signifique que o estilhaço precisa permanecer cravado em seu corpo. Também trabalha em sua nova invenção, o traje de ferro. E se vê diante de outro dilema — refinar e armar o icônico traje de ferro, elevando-o ao status de mais poderoso (para não mencionar rico) magnata de armas do mundo, ou fazê-lo desaparecer inteiramente. Ele, claro, escolhe outra opção: transforma-se em um poderoso super-herói cuja única missão é combater o mal e a injustiça onde quer que espreitem. Ele é o Homem de Ferro.

Como todas as histórias de super-heróis, a do Homem de Ferro é uma metáfora exagerada de uma forma de ver a própria vida. Você não precisa ser um comerciante de armas transformado em super-herói do bem para usar o superpoder da criatividade. Na verdade é muito mais fácil. Faça uma pergunta a si mesmo hoje: como posso ser útil?

Você nem sequer precisa responder à pergunta, pois simplesmente ao fazê-la, ao pensar nela, acabará chegando à resposta, que neste exato instante é apenas uma possibilidade no espaço e no tempo. Se sua resposta for fruto de um quadro realmente desinteressado, sem expectativa de nada em troca (a Lei do Amor), à medida que ela se revelar verá diante de si a Lei da Criatividade em ação. Você participará do ato de alquimia (a Lei da Transformação) e testemunhará como tem o poder de manifestar a realidade pelas escolhas refletidas. O que era apenas um "potencial" no espaço e no tempo se manifestará como uma realidade em sua vida. "Saia do círculo do tempo para o círculo do amor", diz o poeta Rumi.

Como vimos, a Lei da Criatividade é uma das leis mais práticas que podemos aprender. Desafios e obstáculos esperam por nós todos os dias. Mas cultivando a criatividade podemos transformar esses obstáculos em soluções reais. De modo que se torne um mestre da criatividade, compreenda e ative os seguintes princípios:

1. *Determine aquilo do que quer se livrar*. O que em sua vida está distante da qualidade e é desnecessário? Examine claramente sua vida e comprometa-se a abandonar o que o estiver segurando, incluindo

hábitos, emoções, relações, substâncias e ambientes tóxicos.

2. *Pratique clareza de visão*. O que deseja criar? Pergunte-se o que realmente deseja, por que realmente deseja e se essa manifestação servirá a um propósito superior para a humanidade.
3. *Siga os nove passos* para acessar sua criatividade com diligência e distanciamento.

6

A lei da intenção

A intenção é um impulso fundamental que ativa todas as ações. Como tal, a Lei da Intenção é o princípio ativo por trás de todas as outras leis. Sem serem distraídos pelo caos e pela cacofonia de suas emoções ou pelas do mundo, os super-heróis são capazes de acessar uma inteligência coletiva que se revela por confiança, precisão, integridade, energia radiante e carisma.

— Sabe, papai, sua história é muito parecida com a do dr. Estranho — começou Gotham certa manhã enquanto tomávamos café.

Olhei para ele sem entender. Seria um elogio ou algo mais?

— Conhece a história do dr. Estranho? — perguntou ele, curioso.

Eu balancei a cabeça.

— Posso contar, caso queira — disse, sorrindo.

Certamente era o plano dele desde o início. Eu anuí, intrigado, e ele começou.

O dr. Stephen Strange é um dos médicos mais requisitados do mundo. Rico e poderoso, um homem com as maiores habilidades cirúrgicas do planeta, mesmo que seu comportamento com os pacientes seja rude e breve. Se ele tem uma falha como médico é tratar mais as doenças que as pessoas. Para ele todo caso é um mistério à espera de solução, e seu hospedeiro (o paciente) não passa de um espectador.

Mas a carreira médica de supernova do dr. Strange é interrompida bruscamente quando um acidente causa danos aos nervos de suas preciosas mãos, deixando-o incapaz de segurar um bisturi com firmeza. Usando a fortuna que acumulou, Stephen viaja por todo o mundo em busca de cura, procurando especialistas aclamados equivalentes a ele nos campos da medicina e da ciência.

Quando sua odisseia se mostra infrutífera, Stephen volta a atenção para a periferia, procurando feiticeiros e outros curandeiros que teriam poções estranhas mas eficazes ou seriam capazes de realizar verdadeiros milagres. Mas mesmo essas aventuras não levam a nada.

Totalmente arruinado — financeira, emocional e espiritualmente —, Stephen chega ao ápice de sua jornada no Tibete, onde encontra um curandeiro conhecido como O Antigo. E assim começa uma nova jornada para o dr. Stephen Strange — que irá muito além do truque de restaurar a habilidade de suas mãos, até um mundo de mistério e revelação muito maiores, no qual medicina, ameaça, milagres e mágica estão interligados e onde aqueles que o conhecem têm uma responsabilidade muito maior. Em sua sabedoria e na visão das profundezas da ciência e da feitiçaria, e do mistério de suas verdades interligadas, Stephen Strange descobre os poderes de um reino místico oculto e torna-se um mestre da intenção. Ele é o Feiticeiro Supremo.

Mesmo depois de Gotham contar as origens do dr. Estranho, eu ainda não estava certo de como considerar a analogia comigo. Confesso que minha própria jornada nos campos da medicina, da ciência, do misticismo, do potencial humano e, mais importante, da investigação da consciência foi uma aventura extraordinária. Minha compreensão dos mecanismos mais profundos da consciência deriva de dezenas de fontes — do antigo vedanta indiano à moderna física quântica. Minha curiosidade sobre a natureza do universo e nossa ligação com ele queima dentro de mim desde que sou capaz de lembrar. Foi por isso que ingressei no campo da medicina. E também por que o abandonei. Toda minha vida eu segui o credo de Einstein: "Quero saber como Deus pensa — tudo mais é um detalhe", e em certos momentos me senti prestes a uma revelação semelhante à de um de meus ídolos, o poeta sufi Rumi, que diz: "Vivi à beira da insanidade, querendo conhecer razões. A porta se abre: eu estava batendo pelo lado de dentro".

Nos capítulos anteriores tentei apresentar as leis mais poderosas que observei durante minha odisseia na compreensão da consciência. Como já sabem, todas elas derivam do princípio básico da indivisibilidade do todo. Esse processo começa com a Lei da Intenção, que não é o místico poder inexplicável que muitos entendem, mas uma verdadeira força da natureza com mecânicas que podemos acompanhar, integrar e praticar em nossa vida.

Intenção é o impulso fundamental que ativa toda ação. Tudo na natureza é composto de energia e informação — de uma árvore a uma flor, de uma gota de chuva a um golfinho ou mesmo um ser humano. O que diferencia todas essas coisas é a organização dessa energia e dessa informação. Está embutido na intenção o princípio organizador que ativa essa diferenciação. Em outras palavras, o que o distingue de uma árvore ou de um golfinho não é a substância do seu ser — que na verdade é composto exatamente dos mesmos oxigênio, hidrogênio, carbono e nitrogênio que compõem *tudo* —, mas a forma como esses elementos foram construídos e o catalisador que deflagrou essa construção, que é a intenção.

O que também o diferencia de tudo mais na natureza é a consciência. O sistema nervoso humano é construído de tal forma que somos conscientes — podemos observar nossos próprios pensamentos, sentimentos, emoções, crenças, desejos, motivos e instintos. O resultado é o modo como experimentamos o mundo e o que molda nossa avaliação dele. Nenhum outro animal no planeta Terra tem a mesma sofisticação nossa ou contempla, rumina ou analisa seus pensamentos, sentimentos, emoções, crenças, desejos, motivos e instintos do modo como fazemos. Para aqueles que desenvolvem a consciência de todos esses impulsos e compreendem a mecânica por trás da intenção, é possível usar um grande poder — o poder da própria natureza.

Os super-heróis têm esse poder, pois sabem como dominar o poder da intenção. Intenção, livre-arbítrio e escolha estão íntima e inseparavelmente relacionados. Por milhares de anos filósofos e mais recentemente cientistas debateram se é o livre-arbítrio ou o determinismo que opera nos seres humanos. É verdade que a maior parte do comportamento humano exibe pouca ou nenhuma evidência de livre-arbítrio.

A maioria dos humanos se comporta como se fosse um feixe de reflexos condicionados constantemente deflagrados por pessoas e circunstâncias de modo que produza resultados previsíveis. Se você conhece uma pessoa suficientemente bem, sabe exatamente quais botões apertar para conseguir a reação desejada.

Contudo, como já foi descrito, os super-heróis se dão conta de que o universo se tornou ele mesmo autoconsciente, e assim estão conscientes de ter dentro de si verdadeiro poder, por terem rompido os grilhões do condicionamento. Eles são livres para escolher e, portanto, buscam qualquer resultado a partir do campo de infinitas possibilidades. Os super-heróis são livres de vícios, vinculações e mesmo preferências. Sabem que a melhor ação é aquela que deriva de escolhas conscientes.

A intenção sutil e livre de vínculos com resultados é a mais poderosa. A Lei da Intenção e a Lei do Poder estão intimamente relacionadas, e ambas são os meios pelos quais o invisível se torna visível e o não manifesto se manifesta. Sem intenção não há poder, e o poder que não é orientado com significado por intermédio da intenção é destrutivo e pode levar à anarquia.

Os super-heróis também compreendem que o resultado pretendido orquestra seus próprios mecanismos. Isso é baseado no princípio de que a intenção tem infinito poder de organização. Significa que a intenção sincronizadamente organiza a participação de várias "ondas de possibilidade" a partir de um número infinito de ondas de possibilidade para produzir uma realidade específica.

Na teoria da evolução das espécies algumas pessoas se referem a isso como teleologia. Se você aceita essa teoria, a girafa tem o pescoço comprido porque pretendia alcançar uma folha no alto de uma árvore. O camelo tem corcova porque pretendia atravessar o deserto com um mínimo de água. E os pássaros têm asas porque pretendiam voar e tomar o céu.

Sabendo que seu *self* é sinônimo do *self* universal, os super-heróis entendem que suas próprias intenções também pertencem ao universo. Usando atenção (energia) e a disparando com intenção (impulso transformativo) e manifestando seus desejos, os super-heróis compreendem o mecanismo que dá força a toda a natureza.

Falando de forma muito prática, sempre que as pessoas prestam atenção em sua vida a veem crescer em presença e intensidade. Isso pode ser bom ou ruim. Mais atenção, consciência e sensibilidade em uma relação produzem maior realização, ternura e afeto. Mais frustração, resistência e tensão podem fazer uma relação deteriorar e intensificar raiva, conflito e vingança. Eliminar toda a atenção gera indiferença e geralmente estimula um processo de degeneração que acaba resultando em morte. No que diz respeito a uma relação, a total indiferença acabará significando a desintegração da relação até que ela deixe de existir.

Agora introduza a intenção na equação. Intenção é o desejo de produzir, em uma relação, consciência e sensibilidade ou frustração e resistência. O tipo de atenção produzida faz toda a diferença em como essa relação se desenvolverá. Intenção é o catalisador de transformação que determina a realidade do futuro. É o que produz a manifestação de toda energia. Em outras palavras, intenção no objeto de atenção determina o resultado ativando e orquestrando todos os detalhes que compõem o processo de transformação. Essa refinada dança de consciências tem uma elegância oculta. Por exemplo, a largata possui uma pretensão, é isso que ativa a orquestração de sua biologia e dispara sua metamorfose em borboleta. Toda a natureza opera como essa sinfonia — dos pássaros que migram de acordo com as estações, passando por plantas e cultivos que chegam ao momento da colheita em uma época específica do ano, até os animais que caçam e hibernam dependendo de um determinado ciclo de estações. Os super-heróis reconhecem essas leis da natureza, integram-se a elas e as utilizam para ativar as próprias intenções e manifestar todos os seus desejos.

Os super-heróis também se dão conta de que uma forte intenção em uma mente barulhenta é inútil. É como jogar uma grande pedra em um oceano agitado. Não há efeito perceptível.

Por outro lado, uma intenção leve ou sutil, quase subconsciente, em uma mente calma e serena é muito poderosa. É como jogar uma pedrinha em um lago parado. Há uma onda clara que se espalha pela superfície enquanto a pedrinha afunda lentamente até o fundo. Os super-heróis aprenderam a usar o poder da intenção cultivando leves intenções em uma consciência concentrada e serena. Suas intenções ondulam pelo vasto oceano de consciências, atravessando espaço e tempo, penetrando no universo, e produzem sua própria realização.

O mantra usado pelos super-heróis é "tenha uma leve intenção", depois "libere e flua", permitindo que o universo cuide dos detalhes. Obstáculos são meras oportunidades para criatividade. Isso significa não perder de vista o resultado pretendido, ficando à vontade com a incerteza no caminho. Os super-heróis não têm de resolver todos os mistérios da vida, porque eles *são* mistérios da vida. Sabendo disso, os super-heróis aprendem a fazer menos e a realizar mais, e finalmente fazer nada e realizar tudo.

Na verdade, o poder da intenção é a principal lei que alimenta todos os super-heróis, não apenas o dr. Estranho. O objetivo de todos os super-heróis é mobilizar as forças do bem contra o mal. Mesmo com a compreensão e com o domínio das outras leis espirituais — Equilíbrio, Transformação, Poder, Amor, Criatividade e Transcendência — criando as bases para sua consciência expandida, a intenção é o poder galvanizador que deflagra suas ações.

O que diferencia os super-heróis no que diz respeito à intenção é como eles necessariamente a ativam. O dr. Estranho é um homem de dois mundos, parte cientista, parte feiticeiro. Contudo, é a sinergia desses dois mundos o laboratório onde seus poderes são criados. Diante de um adversário do mal e precisando usar seus poderes, o dr. Estranho os busca em um mundo invisível de feitiçaria que tem a capacidade de acessar a qualquer momento, cortesia do treinamento com seu velho mentor. Esse reino de feitiçaria é retratado nos quadrinhos como um lugar de poderosas forças invisíveis, onde as leis da física são flexíveis e quase tudo é possível. No final, quando aprende a controlar seus poderes, o dr. Estranho não precisa entrar em meditação profunda para viajar para o reino da feitiçaria e resgatá-los. Ele na verdade em grande medida existe nesse mundo, interagindo com seus irmãos e irmãs super-heróis e enfrentando seus vários arqui-inimigos, o tempo todo com a capacidade de acessar o reino da feitiçaria sempre que necessário.

É assim que funciona o poder da intenção. Quando você compreende sua mecânica e como entrar em contato com aquele campo de consciência sem limites por meio do ato da reflexão (que você pode refinar com a prática consistente da meditação), essa presença acabará permeando sua vida. O ritual deixa de ser necessário, porque o campo da consciência está sempre dentro de você, não importa onde esteja fisicamente. Pode estar no meio da Times Square em Nova York, no cume do Monte Everest ou no limite do universo: a consciência vai aonde você for. Nessa vastidão de silêncio, que é infinitamente fértil, plantar a semente da intenção e colher seus resultados é um processo sem obstáculos.

O melhor exemplo disso é também o maior exemplo de um superpoder já exercido: a criação do próprio universo. No evangelho de João ela é descrita assim: "No princípio era o Verbo, e o Verbo estava com Deus". Nas antigas escrituras indianas é dito de forma semelhante que o Senhor Brahma (o Criador) "pronunciou a palavra *bhur* e ela se tornou a Terra; *bhwah*, e se tornou o firmamento; e *swar*, que se tornou o céu".

Desde então, super-heróis, de deuses gregos a Harry Potter, disfarçaram intenções com palavras na forma de feitiços, encantos, conjuras, preces, afirmações e mesmo maldições para ativar seus poderes. Quando Billy Batson dizia a palavra "Shazam", ele se transformava no Capitão Marvel, recebendo os seguintes superpoderes:

S A sabedoria de **Salomão**
H A força de **Hércules**
A A disposição de **Atlas**
Z O poder de **Zeus**
A A coragem de **Aquiles**
M A velocidade de **Mercúrio**

Consequentemente, não há muito que o Capitão Marvel não pudesse fazer. Como todos os super-heróis com o poder da intenção, ele coloca o universo em alerta. E se essas intenções são altruístas, elas orquestram sua própria realização. O universo cuida dos detalhes.

Todos os super-heróis têm atenção concentrada. Ou seja, embora possam pretender coisas para o futuro, sua atenção está sempre no presente, e esse é um elemento determinante para a eficaz manifestação de intenção. Atenção concentrada significa que, não importam as marés de emoção, atividade ou qualquer coisa que aconteça, a qualidade da atenção nunca é diluída. É persistente, tenaz e fixada em precisão e foco no resultado pretendido. Isso não significa que seja rígida ou incapaz de flexibilidade; na verdade, exatamente o oposto.

Super-heróis consideram todos os desafios no caminho do resultado pretendido como uma oportunidade de criatividade, mas nunca perdem de vista o resultado. Eles se dão conta de que a jornada para qualquer destino nunca é rígida — que agilidade, criatividade e ausência de julgamento indicam o caminho para o sucesso. Mas, quando no caminho, são inabaláveis em sua visão do destino, nunca perdem a perspectiva de que cada passo existe dentro do contexto ampliado.

Assim como a Lei do Poder, a Lei da Intenção se revela pela confiança, precisão, energia radiante e carisma. Também se apresenta como honestidade, integridade e autenticidade. Os super-heróis se dão conta de que cada palavra que pronunciam é dotada do poder da intenção. Escolhem suas palavras com sabedoria. E também evitam usar palavras com características destruidoras. Tendem a se abster de profanações, palavras que embutem raiva ou redundância, o que, claro, significa que eu devo encerrar este capítulo.

As qualidades práticas da Lei da Intenção são extraordinárias. Aprendemos concentração, clareza de objetivo, ação correta e como manifestar a vida que desejamos. Sua prática nos concede acesso direto à inteligência da natureza. Ela nos compele a compreender o que realmente queremos, e então nos capacita a conseguir.

◆ ◆ ◆

Para se valer desse poder, você nunca deve forçar conscientemente a intenção. Em vez disso, pratique o seguinte:

1. *Semeie intenção fazendo perguntas gentilmente e permitindo que as respostas surjam.* Sente-se em silêncio. Volte sua atenção para o coração. Silencie sua mente acompanhando a respiração e então pergunte: "O que quero?". Escute a resposta que brota de forma espontânea, e terá automaticamente semeado intenção nas profundezas da consciência. Não precisa procurar a resposta à sua pergunta. Só precisa fazer a pergunta e permanecer imóvel por alguns momentos, depois disso deixe para lá. A vida então se desloca espontaneamente para as respostas. Pode acontecer por meio de novas situações, circunstâncias, relações e encontros fortuitos, ou saltos de imaginação, sacadas ou criatividade. Essa é a mágica da consciência.
2. *Nunca semeie intenção de modo egoísta ou artificial.* Como um bom jardineiro, você planta a semente fazendo uma pergunta, e pela atenção profunda a deixa de lado. Bons jardineiros plantam a semente e a nutrem com água. Não cavam o solo todo dia para ver o que está acontecendo. Então, também você, plante a semente em seu coração e a alimente com a prática da quietude e do silêncio, sabendo que não está apenas plantada, mas germinando progressivamente.

3. *Desligue-se do resultado.* Bons jardineiros sabem que a semente brotará na estação certa. Também suas intenções se manifestarão na estação certa. Em cada semente há a promessa de milhares de jardins, e da mesma forma em cada pergunta há a promessa de milhares de manifestações. Super-heróis confiam em si mesmos e nunca duvidam. Se e quando há dúvida, eles duvidam da dúvida. O mantra para orquestrar o poder da intenção é: "Conceba, desligue, esqueça e siga".

7

A lei da transcendência

A Lei da Transcendência está no cerne de quem os super-heróis são, de quem realmente somos. A capacidade de acessar o transcendente é o primeiro passo na direção de conhecer a si mesmo e atingir seu pleno potencial. Com essa capacidade, os super-heróis podem se voltar para dentro, além das passagens secretas e dos sótãos cheios de fantasmas da mente, até o puro silêncio, ou Ser. Super-heróis não precisam olhar para o mundo, ver seu caos e se afastar dele; ao contrário, com a Lei da Transcendência os super-heróis confrontam o caos e compreendem que são ao mesmo tempo cidadãos e mestres desse caos.

Como minha mãe era praticamente devota do deus indiano Ram, as histórias sobre suas muitas aventuras eram onipresentes em minha vida enquanto crescia na Índia. Ram tem um *status* bastante elevado no vasto panteão dos deuses indianos, porque as pessoas podem se relacionar com ele. Embora seja divino em origem, sua disposição e seu esforço cotidiano são decididamente humanos. As obrigações mortais de Ram dominam sua longa mitologia, na qual ele desempenha os papéis de marido, irmão, pai e líder, e às vezes tem problemas com cada um deles. Seu esforço épico para resgatar a esposa Sita das garras do demônio Senhor Ravan é a mais icônica história de sua mitologia, uma longa narrativa cheia de ação, drama, tragédia, triunfo, fé, fraternidade, amor, romance, traição e muito mais.

Mas minha história preferida de Ram é muito menos espetacular — pelo menos superficialmente. Acontece quando Ram ainda é um garotinho, o príncipe coroado do reino em que vive. Vendo que o filho se sente desanimado com o fardo que um dia vai receber como herdeiro do trono, o pai de Ram, o rei, envia o garoto para a floresta em busca do grande sábio Vasishta. Ele sabe que Vasishta pode ensinar ao garoto como o mundo é. Ram segue as instruções do pai diligentemente e, após alguns dias abrindo caminho pela floresta densa, depara-se com Vasishta, que vive em uma pequena caverna, passando a maior parte do tempo em profunda meditação.

Ram reconhece o ancião e cai de joelhos. Baixa a cabeça, submisso, e pede que Vasishta seja seu mestre. O velho sábio olha para o menino e imediatamente vê nele o divino. Dá uma gargalhada e manda que Ram se levante.

— Você é um deus, o que um homem como eu poderia ensiná-lo?! — exclama.

Ram permanece ajoelhado, mas ergue a cabeça e olha para Vasishta respeitosamente.

— Por favor, senhor, mesmo um deus precisa de um professor. Preciso ser lembrado de quem sou.

Vasishta sorri. Ele concorda em ser professor de Ram. Alguns dizem que o diálogo que se seguiu entre Ram e seu guru durou anos. Alguns falam em décadas, outros em séculos. Alguns acreditam que o diálogo continua a ser travado pelos dois — e que a existência do próprio cosmos é a substância dessa conversa.

Há registro de uma parte da conversa, uma antiga escritura chamada *Yoga Vasishta*. Na cultura ocidental, a ioga passou a ser conhecida como um exercício que exige ao mesmo tempo equilíbrio e flexibilidade, mas o verdadeiro significado da palavra é "disciplina espiritual". O objetivo de todas as disciplinas espirituais e das várias modalidades de ioga (*bhakti*, *gyan*, *kama*, *karma* etc.) é a verdadeira compreensão da consciência. Então, *Yoga Vasishta* é na verdade um tratado entre o deus e seu mestre sobre a natureza da consciência. É um manual para Ram, um manual que em seu cerne o instrui a retornar para dentro de si mesmo de modo que descubra sua alma e busque todas as verdades mais profundas da existência. Por intermédio dele o Deus é literalmente relembrado de sua verdadeira identidade e assim conhece a verdadeira natureza de tudo. Talvez a mais famosa passagem da *Yoga Vasishta* seja: "Eu sou aquilo. Você é aquilo. Tudo isto é aquilo. Aquilo apenas é". Se você verdadeiramente entende essas palavras, entende tudo que há para ser entendido.

A Lei da Transcendência está no cerne de quem os super-heróis realmente são, quem realmente somos. É menos um poder a ser empregado ou mesmo um catalisador que estimula algum superpoder exótico. É uma orientação sobre a natureza básica da existência, a base sobre a qual tudo mais é construído. É também a mais espiritual das qualidades, algo em que mergulharemos profundamente ao longo deste capítulo.

Owen Reece, um cientista *nerd*, acidentalmente cria um super-herói ao acessar uma realidade paralela conhecida apenas como Beyond. Elementos e forças desse plano começam a se reunir em torno de um único ser que acabará sendo conhecido como Beyonder. Esse "ser de energia" inicialmente está além de masculino ou feminino, bem ou mal, ou mesmo de um *status* de herói ou vilão, mas paulatinamente se torna senciente, e depois ganha uma consciência ou perspectiva isolada. Mas, mesmo com Beyonder começando a se envolver nos conflitos mais comuns dos super-heróis — enfrentando supervilões e conhecendo os desafios presentes no mundo dos humanos —, ele mantém para sempre essa consciência do grande *além* e os atributos de pura potencialidade, consciência ampliada e orientação superior que o compõem. Essas qualidades transcendem a dualidade e o paradoxo nos quais a maioria dos humanos está presa, e dão a Beyonder um superpoder que é o maior de todos e a origem de todos os outros.

Eu gostei da história de Beyonder no instante em que Gotham me apresentou a ela. Não apenas porque o próprio Beyonder é uma grande metáfora para o conceito de transcendência mas também porque a história de sua origem estava intimamente ligada a uma experiência científica que dera errado. É na conexão de espiritual e científico que o transcendente realmente existe.

A realidade cotidiana é composta de objetos que existem no espaço e no tempo. Esses objetos têm limites claros. São materiais. Temporários. Estão sujeitos a degeneração e experimentam o fluxo do tempo linear no qual há relações fixas de causa e efeito. Esses objetos são observados por seres conscientes com corpos físicos. Esses seres conscientes são de todas as formas de vida, de insetos a seres humanos, com os humanos no topo da hierarquia. O que diferencia os humanos de todos os outros seres vivos é que temos sistema nervoso que nos permite a consciência de nós mesmos.

Os super-heróis compreendem que o nível material da existência é uma ilusão, por ser uma projeção dos planos mais profundos. Abaixo do material está o plano da energia. E abaixo do plano da energia, o plano mais profundo de inteligência e consciência. Um pensamento principia na consciência, torna-se energia como fala e ação e finalmente se manifesta como realidade material na forma de uma nova experiência no mundo da matéria.

Como vimos, os super-heróis se dão conta de que todos os objetos materiais em todo o universo são parte de um campo ilimitado de energia que permeia o universo inteiro. O corpo e a mente dos super-heróis são parte desse campo de energia, e, portanto, eles têm a capacidade de acessar o reservatório de energia ilimitado, tornando-se todo-poderosos.

O plano de existência sob o mundo dos objetos e o campo de energia são o mais importante e fonte de toda a existência. É, como já discutimos, o *self*. O *self* é um plano de consciência transcendente. "Transcendente" significa que não existe no espaço e no tempo e, portanto, é eterno. O *self* não tem princípio no tempo, fim no tempo, nem limites no espaço. Consciência é seu verdadeiro nome. Da mesma forma que o DNA se diferencia em meus olhos, nariz, cabelo, pele, fígado, baço, rins e em todas as várias partes maravilhosas que compõem meu corpo, a consciência também se diferencia nas partes de nossa realidade total. O que vejo, ouço, cheiro, provo e toco, meus ânimos e minhas emoções, meu comportamento e minhas interações e as relações que surgem dessas interações são, todos, aspectos diferenciados da consciência. Podem parecer coisas distintas, mas não são.

O plano transcendente também é autoconsciente. É ao mesmo tempo o plano e o conhecedor do plano. Nesse nível, espaço, tempo, energia e informação se apresentam como o que é chamado de singularidade. Em outras palavras, tudo se torna um. Sendo um, não existem como espaço, tempo, energia, informação ou objetos. Existem como pura possibilidade ou puro potencial. Esse plano de existência é o incomensurável tudo que foi, tudo que é e tudo que será. Os super-heróis sabem que esse plano de infinitas possibilidades é sua verdadeira identidade, e podem acessá-lo a qualquer momento e em qualquer circunstância. Super-heróis fazem isso permanecendo concentrados e vivendo na possibilidade o tempo todo.

O que descrevi acima em termos um tanto técnicos algumas vezes recebe um nome diferente, um super-herói que alternadamente inspira assombro ou cria desconforto dependendo do próprio ponto de vista. Esse nome é Deus. Se você define Deus como uma figura paterna de túnica esvoaçante sentado nas nuvens, então minha descrição não é Deus para você. E se você se sente desconfortável com a própria ideia de Deus, pode apenas usar a frase "inter-relação não causal, não local, quântico-mecânica" para identificar esse estado de consciência transcendente. "Não causal" por não ter causa; "não local" porque transcende espaço e tempo; "quântico-mecânico" por ser um plano de existência muito fundamental; e "inter-relação" porque toda parte dela está inter-relacionada e é codependente de todas as outras partes.

Como quer que prefira chamar, esse é o mundo no qual os super-heróis espreitam e onde encontramos os termos e as ideias que eles tentam tornar acessíveis por intermédio de sua própria autonomia e de seu ser. Bem feitos, grandes mitos produzem grandes metáforas. E não há mitos maiores que aqueles que criamos sobre nossos personagens mais idealizados — de Beyonder a Buda, passando por Batman; do Homem de Ferro a Ícaro, de Jean Grey a Jesus.

Jean Grey, personagem que Gotham me apresentou, pertence a um grupo especial de super-heróis que para mim, como Beyonder, realmente "são demais". Jean Grey é uma poderosa telepata, membro do icônico time de super-heróis X-Men. Durante uma operação para salvar outros membros da equipe que foram sequestrados por sentinelas e aprisionados no espaço sideral, Jean se oferece para pilotar a aeronave usada para resgatá-los. Embora a missão seja um sucesso, Jean não consegue suportar a radiação à qual é exposta durante a fuga ousada. Embora tenha consciência do seu destino final, permanece firme e se sacrifica pela sobrevivência da equipe.

Mas quando está morrendo, uma entidade cósmica conhecida como Força Fênix aparece. Jean Grey comunga com ela e se funde a ela. Não mais seu *self* individual, ela adquire o novo nome de código Fênix. Sob esse novo pseudônimo, assume os atributos do cosmos e torna-se um ser de poder infinito, consciência pura e potencial ilimitado. Já não pode mais ser contida no corpo de um único ser. Ao contrário, teve uma visão da natureza da própria consciência — além de bem e mal, sagrado e profano, divino e diabólico. Ela é o infinito, eterno, não local, indivisível, subjacente equilíbrio de tudo, enraizado em todo ser e em tudo. Como é dito do próprio Deus na Bíblia Sagrada, ela é "o Alfa e o Ômega, o primeiro e o último, o começo e o fim". Ou como o Senhor Krishna declara no campo de batalha de Kurukshetra, ela é "tempo inexaurível, o criador cujo rosto está em todas as direções".

Os maiores super-heróis como Jean Grey e Beyonder têm dentro deles pedaços da infinita expansão da consciência. Estão em contato com aquele domínio de consciência que está além de mensuração e é pura potencialidade encarnada. Sua consciência é pura consciência, um plano de todas as possibilidades e infinita criatividade. Operam, a partir desse estado de ser, com consciência não dirigida, e toda decisão que tomam é em harmonia com o universo. Compreendem que as batalhas que travam e as lutas nas quais se envolvem mesmo contra seus maiores inimigos são conflitos dentro deles mesmos, a oscilação incessante entre as energias da luz e da treva de seu próprio ser.

Eu me dou conta de que muitas das ideias que apresento aqui são ecos daquelas articuladas em capítulos anteriores. Não por acaso. A verdade é que todas as leis dos super-heróis estão inextricavelmente relacionadas, porque partem de uma mesma premissa — a de que a própria realidade é projeção de uma única inteligência subjacente a toda existência. É importante insistir nisso, pois é o princípio pelo qual tudo mais pode ser compreendido e experimentado. Embora de fato seja um ato de agilidade intelectual processar plenamente a noção de um campo de infinitas consciências a partir do qual *tudo* emana, a verdade é que você já sabe disso. Você é uma expressão disso, e sua essência pulsa através de si sem cessar. Gostaria de retornar a essa revelação por outro caminho, explorando as complexidades do transcendente, como naturalmente o refletimos e também como nos movemos através dele para alcançar sua maior expressão.

Um corpo humano pode ter pensamentos, tocar piano, matar germes, remover toxinas e fazer um bebê ao mesmo tempo. E enquanto faz isso, rastreia os ritmos temporais fundamentais que governam a Terra e o universo no qual ela se localiza. Entre eles estão ritmos circadianos, que são as batidas cíclicas que medem os processos bioquímicos, fisiológicos e comportamentais de todas as coisas vivas na Terra. Também incluem ritmos sazonais que dizem respeito à revolução do planeta ao redor do Sol e os ritmos das marés, relativos aos complexos efeitos gravitacionais do Sol e da Lua (ritmos lunares) e de outros corpos celestes sobre nosso planeta e suas águas. Há pelo menos cem ritmos citados pelos cronobiólogos. Combinados, eles compõem a pulsação que anima nosso cosmos que vive e respira, do movimento de estrelas e planetas e da sequência das estações à subida e descida dos oceanos e tudo mais na natureza. Todos esses ritmos estão entrelaçados em uma relação tão refinada que a única explicação razoável para o seu funcionamento é a existência de uma inteligência mais profunda que a sustenta e coordena. Há um maestro para essa sinfonia do cosmos, e é o transcendente.

Esse gênio supremo final que move as cordas é a matéria de que são feitos os maiores super-heróis (e supervilões). Essa inteligência também existe em você, esperando para ser identificada e acessada. Você se envolve com ela por intermédio de sua experiência sensorial — ver, ouvir, cheirar, sentir sabor e tocar. Enquanto lê estas páginas, volte sua atenção para aquele que lê. Pergunte a si mesmo quem escutou aquele som que você acabou de ouvir do lado de fora da janela. Sempre que interagir com o mundo ao seu redor, pense naquele que interage. Esse é seu verdadeiro eu, um toque de consciência ganhando forma no mundo.

Assim que você começa a ver e experimentar o mundo como realmente é, um incessante fluxo de energia e informação, *tudo* muda. Ao contrário de um de nossos grandes mitos, o universo não foi criado *um dia*, está sendo constantemente criado e recriado. Os super-heróis têm a capacidade de se colocar em meio a essa tempestade de mudança, de observar e também de usar poderes que podem influenciá-la. Já vimos algumas dessas leis (Criatividade, Poder, Intenção), mas a capacidade de expressá-las está baseada na capacidade de se firmar no estado transcendente de consciência.

Quando você considerar a infinita improbabilidade de circunstâncias, sincronicidades, milagres, imensas energias sísmicas e acontecimentos cósmicos titânicos que precisaram se dar para gerar esse momento, sua existência nele e todas as relações, experiências e interações que o compõem, entenderá o transcendente. Você é produto e ápice de cada momento anterior a este — uma enorme conspiração do universo para gerar sua existência. É um pensamento bastante perturbador, e ainda assim afirma a realidade de que sua existência é uma extensão do universo como um todo. Se qualquer momento antes deste houvesse sido diferente, mesmo que minimamente, você não existiria como se conhece.

Como já foi dito, um atributo da transcendência é sua consciência de si mesma. Novamente me valendo do Senhor Krishna no campo de batalha de Kurukshetra, ele o descreve melhor quando diz a seu protegido Arjuna: "Vou dar a você olhos divinos, e quando lhe der olhos divinos você verá o mundo como ele realmente é". Como já discutimos, embora todas as coisas vivas sejam uma expressão de consciência, a capacidade única dos seres humanos de autoconsciência é algo extraordinário e uma qualidade do transcendente que só se expressa por intermédio de nós. Nós nos fazemos perguntas que nenhuma outra espécie faz:

Quem sou?

Por que estou aqui?

Minha vida tem sentido e propósito?

O que me acontece depois que morro?

Existe um Deus? Se sim, ele me ama?

Essas perguntas costumam ser classificadas como espirituais. Surgem da existência de nossa alma, que é apenas outro termo para o transcendente. E ali está o maior de todos os poderes dos super-heróis — uma ligação verdadeira e íntima com sua alma. A alma é aquele estado de consciência sob seus sentidos, o titereiro puxando as cordas e animando aquele saco de pele e ossos, ou as capas e malhas metafóricas que os super-heróis vestem. É aquela presença interna que sempre esteve lá — quando você era bebê, adolescente e agora. Essa presença é realmente transcendente — estava lá quando você nasceu e sobreviverá à sua morte. Nascimento e morte são simplesmente parênteses na presença eterna de sua alma, que não pertence a você mais do que pertence a qualquer outro. É uma característica do domínio universal ao qual todos pertencemos.

Sua alma não é uma coisa. É o potencial de todas as coisas. Sua alma, conhecendo as correlações que conhece, é onisciente. Não onisciente no sentido de ter informações estocadas como uma Wikipédia, mas intuitiva. É a fonte da intuição, fonte da intenção, fonte do *insight*, fonte de imaginação, fonte de criatividade, fonte de sentido, objetivo e tomada de decisões. Sua alma cria junto com Deus, ao mesmo tempo que coexiste com todas as criações de Deus. Resumindo, a alma é a fonte da consciência.

As tradições espirituais da Índia dizem que há sete estados de consciência. O primeiro é o *estado de sono profundo*. Mesmo no sono profundo há alguma consciência. Se, por exemplo, eu grito enquanto você dorme e digo que sua casa está em chamas, você levanta e corre. O segundo estado de consciência é o *estado do sonho*. No estado do sonho também há um nível de consciência. De fato, construímos toda uma realidade quando imersos nele. Por exemplo: certa vez sonhei que estava em Peeble Beach, Califórnia, participando de um torneio de golfe com Clint

Eastwood. Consegui uma pontuação magnífica, derrotei o sr. Eastwood e fiquei com o troféu. Então, quando acordei pela manhã me dei conta de que Clint Eastwood, o troféu, Peeble Beach, eu e todos os espectadores — eram eu mesmo. Construí a coisa toda em meu sonho. O mundo dos sonhos não é nada além de uma sombra da *real* realidade, não importa quão real pareça.

O terceiro estado é o *estado desperto*. Contudo, se você vive inconscientemente suas horas despertas, então está em um "sonho acordado". Há uma história de Buda que nos ajuda a entender o estado de consciência que deveria estar presente no estado desperto.

O Senhor Buda está morrendo. Seu discípulo mais devoto, Ananda, vai até ele em busca das últimas pérolas de sabedoria de seu mestre. Pede a Buda que "lhe diga quem realmente é". Inicialmente Buda permanece em silêncio.

Após um momento Ananda pergunta:

— Você é Deus?

Buda balança a cabeça suavemente e responde:

— Não.

Ananda volta a falar.

— É um profeta?

Buda responde:

— Não.

Ananda pergunta novamente:

— É um messias?

Mais uma vez Buda balança a cabeça negando.

Ananda começa a ficar frustrado.

— Por favor, me conte, quem você é? — implora.

E Buda diz:

— Sou desperto.

É tudo o que realmente somos, um campo de consciência esperando para ser despertado. Mas a maioria das pessoas permanece adormecida, ignorando sua verdadeira identidade. Embora tenham dentro delas o potencial de um verdadeiro super-herói, passam a vida atolados em seu *alter ego*, o Clark Kent de seu Super-Homem.

O quarto estado é a *consciência da alma*. Walt Whitman disse ao experimentar pela primeira vez sua alma: "Não devo estar acordado, pois tudo me parece como nunca antes; ou estou acordado pela primeira vez, e tudo que havia antes era um sonho ruim". Aqui estamos nós no meio desse "sonho ruim" e convidados a despertar se queremos tomar a trilha para descobrir nosso verdadeiro *self*. Esse estado de consciência nos alerta para o fato de que os estados de consciência anteriores são ilusões.

No quarto estado de consciência começamos a sentir a realidade mais profunda que está orquestrando o mundo físico. O véu que separa os planos físico e espiritual começa a se rasgar. Assim como temos de despertar do estado do sonho para experimentar a consciência desperta, temos de despertar do que chamamos de consciência desperta para ter um vislumbre de nosso espírito, nosso eu interior. Isso é chamado vislumbrar e estar em contato com a alma.

O quinto estado de consciência é a *consciência cósmica*. Nesse estado seu espírito pode observar seu corpo material. Sua consciência vai além de simplesmente estar desperta em seu corpo e além de simplesmente vislumbrar a alma para estar desperta e alerta para seu lugar como parte do espírito infinito. Isso explica o bordão evangélico "Eu sou neste mundo, e não dele".

Você pode observar o corpo enquanto ele sonha e simultaneamente observar o sonho. A mesma experiência se dá na consciência desperta. Você tem uma consciência de duas qualidades, local e não local. Sua intuição aumenta. Sua criatividade aumenta. Sua percepção aumenta. Por causa de tudo isso, a frequência das chamadas coincidências aumenta.

A consciência cósmica leva ao sexto estado de consciência, que é a *consciência de Deus*. Nesse estado a testemunha se torna cada vez mais desperta. Você não apenas sente a presença do espírito em si como começa a sentir esse mesmo espírito em todos os outros seres. Quando olha para um grão de arroz não vê apenas arroz, mas também o fazendeiro que o produziu, seus ancestrais que se foram e seus descendentes que serão parte da grande conspiração que levou à existência dele. Também reconhece naquele grão de arroz o brilho do Sol, a terra, a água, o vento e o ar que conspiraram para criá-lo — todo o universo se manifestando transitoriamente em um pequeno ponto. Ao reconhecer tudo isso, você é capaz de atravessar a máscara da realidade e sentir a presença de Deus em toda parte. Na consciência de Deus, Deus não é difícil de encontrar — Deus é impossível de evitar, porque não há para onde você possa ir onde Deus não esteja.

Finalmente, o sétimo estado de consciência é a *consciência da unidade*. Isso também é conhecido como "iluminação". O espírito naquele que percebe e o espírito naquele que é percebido se fundem e tornam um. Quando isso acontece você vê o mundo inteiro como uma extensão de seu próprio ser, reconhecendo que só há uma testemunha de tudo e você é essa testemunha. Nesse estado milagres são lugar-comum, mas não são necessários, pois o infinito reino da possibilidade está disponível a todo momento. Você transcende a vida. Transcende a morte. Você é o espírito que sempre foi e sempre será.

Lembro de, há muitos anos na Índia, acompanhar um debate entre o grande mestre Jiddu Krishnamurti e um fundamentalista religioso. Depois de muitas idas e vindas, o fundamentalista olhou para Krishnamurti e declarou:

— Sabe, quanto mais o escuto, mais me convenço de que você é ateu.

Krishnamurti coçou a cabeça e respondeu:

— Eu costumava ser, até me dar conta de que era Deus.

Isso, evidentemente, incomodou o fundamentalista. Ele engasgou.

— Você então está negando a divindade de Krishna [o equivalente hindu de Cristo]?

Krishnamurti sacudiu a cabeça vigorosamente.

— Pelos céus, não! Não nego a ele sua divindade, aliás nem a divindade de ninguém!

Esse é o estado que todos buscamos.

O objetivo final dos super-heróis é alcançar a consciência da unidade, não intelectualmente, mas pela experiência. Nessa experiência há infinito poder e a capacidade de curar. E não apenas curar ferimentos ou mesmo consertar erros, pelo que os super-heróis costumam ser conhecidos, mas mover as forças das trevas e manter o equilíbrio do cosmos exige evolução contínua. Os super-heróis fazem isso parando de sofrer. Eles compreendem que há cinco motivos principais para o sofrimento humano:

1. Não conhecer a natureza essencial da realidade.
2. Agarrar e se aferrar ao que é efêmero, transitório e irreal.
3. Temer o que é efêmero, transitório e irreal.
4. Identificar-se com a alucinação socialmente induzida que é o ego.
5. Temer a morte.

Estudamos isso ao longo do livro, mas o medo da morte de fato pode ser o mais palpável e familiar. Acabamos todos olhando para trás de nós mesmos e vendo o Príncipe da Morte à espreita. Ele está um pouco mais próximo desde a última vez que olhamos, lentamente abrindo caminho até nós. Estamos todos no corredor da morte; a única incerteza é o método de execução e a duração do adiamento. Então, muitos de nós vivem com esse medo fundamental, que é a causa de todos os outros medos: o medo do desconhecido. Mas e se o desconhecido se tornar conhecido a você? E se transcendesse essa experiência de separação e soubesse que não há nada a temer? E se realmente se conhecesse como realmente é? O que seria então?

Hoje, mais que nunca, precisamos comungar com nossos eus transcendentes — entrar em contato com nossa alma e abraçar nosso eu super-herói. Precisamos não olhar para o mundo, ver o caos e recuar dele; precisamos confrontá-lo e entender a nós mesmos como cidadãos desse caos e mestres dele.

Nas páginas anteriores, com a ajuda de meu filho Gotham e do caleidoscópio de nossos maiores criadores de mitos e super-heróis, tentei identificar e apresentar algumas das mais importantes qualidades que nos permitem atingir nosso maior potencial. Recomendo fortemente que você leia e releia essas páginas e refine sua prática dessas leis. É minha crença que esse é o caminho para um futuro mais holístico e fortalecido — um mundo com o qual Homero e mentes semelhantes só poderiam sonhar.

Como nas páginas das grandes histórias em quadrinhos, a consequência de não tentar atingir todo nosso potencial pode ser terrível. Fechar os olhos para o pleno potencial de quem podemos ser — e quem realmente somos — ameaça estilhaçar nossa alma coletiva. Então, é nesse ponto em que atualmente estamos, à beira de um armagedom da alma. É nesses momentos que os grandes heróis se erguem para curar nossas feridas coletivas. Agora você conhece as habilidades para ser um deles.

Você será?

A capacidade de acessar o transcendente é o primeiro passo para conhecer e atingir seu pleno potencial. É a capacidade de se voltar para dentro, além das passagens secretas, dos becos escuros e dos sótãos da mente tomados por fantasmas, até o puro silêncio, ou Ser. Ser, afinal, é primal e anterior a sentir, pensar e fazer. De modo a apenas "ser" e experimentar o campo de infinitas possibilidades, cultive a serenidade.

1. *Torne a atenção parte da vida cotidiana.* Esteja atento a sua respiração, a sensações corporais, sons, visões, formas, cores, gostos e cheiros. Isso se manifestará como um despertar de experiência sensorial aumentada pela atenção. A mais alta forma de inteligência humana é a capacidade de se observar sem julgamento.
2. *Pratique a meditação silenciosa.* A técnica de "meditação so-hum" é uma das mais simples e profundas, e você pode aprender a usá-la. "So-hum" significa "sou isso". Ao praticar essa meditação, você está essencialmente lembrando a si mesmo seu nível básico de existência. Para praticar a meditação so-hum:
   - ☐ Sente-se em uma posição confortável.
   - ☐ Coloque as mãos com a palma das mãos virada para cima no colo ou nas pernas.
   - ☐ Feche os olhos e comece a prestar atenção na respiração.
   - ☐ Observe a inspiração e a expiração sem tentar controlar a respiração. (Talvez descubra que o ritmo espontaneamente acelera ou desacelera, torna-se mais superficial ou profundo, podendo até mesmo parar por um tempo.)
   - ☐ Observe essas mudanças sem resistência ou antecipação.

- ☐ Sempre que sua atenção se desviar da respiração para um som no ambiente, uma sensação corporal ou um pensamento na mente, gentilmente reconduza a consciência para a respiração.
- ☐ Introduza o mantra "so-hum", que é o mantra da respiração. O "so" naturalmente se alinhará com a inspiração, e o "hum" com a expiração.
- ☐ Gradual e espontaneamente, o mantra e quaisquer pensamentos desaparecerão e você experimentará o nível mínimo de consciência.
- ☐ Continue a meditar por 15 a 20 minutos, ou enquanto for confortável, depois desligue-se suavemente, esperando mais um ou dois minutos antes de voltar às atividades normais.

3. *Esteja consciente e seja íntimo da inteligência da natureza* todo o tempo — em folhas e flores, árvores e animais — em toda entidade sensível. Isso não significa que você tenha de compreender sua biologia; apenas aprecie a perfeita expressão das leis e da inteligência da natureza em tudo que existe ao seu redor. A natureza exibe leis e inteligência em ação. Caminhe pelo parque. Vá para a floresta. É sua fonte. Não analise, não avalie, não classifique, não julgue nem descreva. Apenas observe e seja. A inteligência da natureza fluirá por você.

ATIVANDO O CÉREBRO SUPER-HERÓI

Nos últimos anos houve uma avalanche de novas informações no campo da neuroplasticidade. Os neurocientistas estão descobrindo que nosso cérebro não é uma estrutura anatômica fixa, mas um processo muito fluido e interconectado que incorpora o fluxo de energia e informação dentro de nós, e entre nós e o mundo exterior. O modo como você pensa, sente, percebe e se relaciona influencia e altera constantemente a chamada estrutura do cérebro. A razão pela qual a maioria das pessoas parece ter cérebro automatizado é que elas constantemente reforçam as conexões segundo padrões de pensamento e comportamento condicionados.

Uma rápida decupagem do cérebro:

- O *córtex pré-frontal* (a parte da frente do cérebro logo atrás da testa) é a parte do cérebro que cria representações de intenção e reflexão (entre outras coisas).
- Os *lobos parietais* contêm o córtex somatossensorial, que faz representações de experiências sensoriais.

Nele há áreas de funções específicas, como o córtex auditivo e o visual, onde são criadas representações de sons e imagens.

- O *córtex motor* do cérebro (bem em frente ao córtex somatossensorial) é responsável por executar movimentos voluntários.
- O *sistema límbico* é a sede de todo emocionalismo.
- O *cérebro reptiliano*, ou intermediário, uma projeção bulbosa da medula espinhal, é o centro de tudo referente à sobrevivência, incluindo respostas de luta ou fuga, ciclos de sono e vigília, regulação da respiração, equilíbrio de substâncias químicas e eletrólitos, desejo sexual e outros instintos básicos.

Em outras palavras, para toda experiência, ação e modo de atenção e intenção há uma representação em uma área específica do cérebro. Os super-heróis entendem isso — que sensações, emoções, imaginação e pensamentos esculpem e moldam a estrutura do cérebro. Eles conseguem ativar áreas específicas do cérebro pela consciência de sensações, emoções, imagens e pensamentos. Portanto, estão atentos ao que acontece em sua vida interior o tempo todo, sabendo que isso não apenas estrutura sua atividade cerebral como também se reflete em sua vida exterior. Sabem que em todo momento o mundo é um reflexo de seu próprio estado de ser.

Com vários exercícios mentais e uma vida atenta, é possível reorganizar o cérebro inteiro. Neurônios que disparam juntos se conectam. Resumindo:

- Sentir gratidão tem o efeito de estimular seu cérebro límbico e gerar emoções criativas que fortalecem mecanismos de restauração e cura. Mantenha um diário de gratidão ou apenas conte suas bênçãos no começo ou final de cada dia.
- Meditar sobre posturas divinas como gentileza amorosa, alegria e equanimidade fortalecem ainda mais a capacidade do sistema límbico de curar e criar relações saudáveis.
- Fazer uma varredura mental do corpo aumenta a estabilidade do sistema somatossensorial.
- Visualizar ou imaginar diversas modalidades sensoriais estabiliza diferentes áreas do cérebro que aumentam potenciais adormecidos e criatividade.
- Exercícios físicos, incluindo condicionamento cardiovascular e levantamento de peso, melhoram o funcionamento geral de todo o cérebro.
- Ioga e artes marciais fortalecem a coordenação mente-corpo e despertam intuição e criatividade.
- Respiração profunda e consciente rompe respostas reativas.

Vamos um pouco mais longe. Os seguintes exercícios permitem que você reprograme todo o seu cérebro para ajudá-lo a ter uma vida inteligente e criativa, com poder de organização e estruturada com base em valores platônicos como amor, bondade, verdade, beleza e evolução. Comece com uma meditação diária que irá desenvolver o cérebro super-herói.

- Sente-se serenamente em uma cadeira com os pés firmemente plantados no chão e com a palma das mãos virada no colo. As costas devem estar relativamente eretas, de modo a literalmente alongar o fluxo de energia por seu corpo.
- Feche os olhos.
- Comece uma contagem regressiva mental de cem a zero. Sempre que se distrair, retorne ao ponto em que parou. Talvez ouça sons no ambiente ou tenha sensações corporais. Esqueça deles e retorne serenamente à contagem.
- Ao chegar a zero, faça uma varredura do corpo: progressivamente leve sua consciência a dedos, depois pés, tornozelos, canelas, joelhos, coxas, quadris, abdome, peito, pescoço, rosto e cabeça.
- Detenha-se por alguns instantes em cada um desses pontos e preste atenção nas sensações que surgem. Quando acontecer, pergunte-se qual a história por trás dessas sensações. Basta fazer a pergunta. Não precisa caçar as respostas.
- Assim que tiver feito a varredura corporal, volte sua atenção para a respiração. Peça mentalmente que ela desacelere.
- Após dois ou três minutos, volte sua atenção para o peito e sinta seus batimentos cardíacos como som ou sensação. Peça a seu coração para desacelerar.
- Agora, mantendo a consciência no coração, evoque as seguintes emoções:
  - □ Amor
  - □ Alegria

- ☐ Paz
- ☐ Equanimidade
- ☐ Harmonia
- ☐ Riso
- ☐ Exuberância
- ☐ Êxtase

- Você pode sussurrar mentalmente esses pensamentos para o coração. Se surgir alguma imagem, preste atenção nela.
- Finalmente, mantendo a consciência no coração, evoque imagens de grandes super-heróis que admira e imagine seus feitos compassivos e heroicos.
- Após terminar, relaxe em seu corpo e abra os olhos.

Ao longo do dia, sempre que se sentir desequilibrado, tome consciência das sensações no corpo ou respire com os olhos abertos. Em certos momentos volte sua atenção para o coração e peça que desacelere. Lembre-se de que está ativando diferentes áreas do cérebro simplesmente por prestar atenção. Você pouco a pouco perceberá a ativação de seu cérebro super-herói.

Você também pode aumentar sua experiência sensorial praticando o seguinte:

- Pratique a meditação so-hum por cerca de cinco minutos.
- Imagine diferentes sons: de trovão, cachoeira, latido de cão, sino de igreja, disparo de arma, sirenes,

choro de criança. Quanto mais você puder imaginar ouvir os sons da consciência, mais os neurônios em seu córtex auditivo dispararão juntos e se unirão.

- Imagine diferentes sensações: tocar a casca áspera de uma árvore, um xale de seda ou um suéter de caxemira; cavar a terra com as mãos; sentir a areia entre os dedos dos pés enquanto caminha por uma praia, o toque terno ou o beijo de alguém que ama. Não há limite para as possíveis experiências mentais.
- Visualize várias formas e cores: uma rosa vermelha, um crepúsculo laranja, girassóis amarelos, um pasto verde, um oceano azul, um céu anil.
- Experimente gostos na mente: limão, morangos maduros, comida chinesa com alho, sorvete de chocolate, especiarias da Índia, mostarda, pimenta jalapeño, gengibre.
- Experimente cheiros na mente: uma cozinha italiana, uma floresta de pinheiros, um perfume ou colônia preferidos, um armário no vestiário.

Praticando a lista acima você cultivará uma forma multissensorial de pensar. Isso não apenas aumentará sua criatividade e intuição. Tornará sua vida mais vibrante, e você estará alerta para a riqueza e a experiência multissensorial de seus mundos interno e externo. O prazer dos sentidos e grandes experiências estarão mais presentes em todos os aspectos de sua vida.

◆ ◆ ◆

Finalmente, eis dez princípios a observar em seu cotidiano que também ajudarão a moldar seu cérebro, modificando sua percepção e seu comportamento.

- Para cada desafio, a solução do super-herói é se voltar para dentro.
  Exercício: Ao enfrentar um desafio, não reaja. Pare, volte-se para dentro e pergunte qual é sua oportunidade criativa. Viva a pergunta até chegar à resposta.

- Para tudo que existe, também existe seu oposto.
  Exercício: Diante de uma crise, identifique os fatores ou as qualidades que contribuem para ela. Concentre-se no oposto.

- A percepção do super-herói faz uma varredura de toda a existência, do menor do menor ao maior do maior.
  Exercício: Olhe para todo objeto em sua integridade. Saiba que é todo o universo localizado.

- O super-herói é independente das opiniões boas e más dos outros.
  Exercício: Perceba que apenas o ego pensa em termos de superior ou inferior. No nível do ser, você não está acima ou abaixo de ninguém.

- O super-herói nunca se entrega à arrogância.
Exercício: Não se ofenda com o comportamento das pessoas.

- O super-herói assume os problemas do mundo.
Exercício: Pergunte a si mesmo como ajudar, como servir.

- O super-herói está sempre alinhado com o impulso evolucionário.
Exercício: Em todas as situações, pergunte qual é o bem maior.

- O super-herói executa a ação de forma impecável, mas se desliga do resultado.
Exercício: Concentre-se no processo, não no resultado.

- O super-herói é a refinada combinação de ação dinâmica e serenidade de mente.
Exercício: Mesmo em meio a caos e turbulência, seja uma testemunha alerta de suas próprias ações e reações.

- O super-herói é o melhor ouvinte do mundo.
Exercício: Escute com seu corpo. Escute com o coração. Escute com a mente. Escute com a alma. Nunca julgue enquanto escuta.

Leituras do Super-Herói

Todos que leem quadrinhos sabem que não há como fazer uma relação definitiva dos melhores. Mas ainda é um jogo divertido.

A seguir, estão 12 modernas histórias em quadrinhos de super-heróis que têm algo a dizer sobre as leis espirituais que movem os grandes super-heróis. Entenda que esta lista é limitada a quadrinhos ocidentais modernos e não chega ao inacreditavelmente prolífico mundo da ficção gráfica oriunda do resto do mundo, especialmente do Japão.

Continuação?

Deepak e Gotham Chopra

Wolverine, de Frank Miller e Chris Claremont

Mesmo os maiores super-heróis nem sempre conseguem conter seu eu sombrio.

Surfista Prateado, de Stan Lee e Jack Kirby

O lendário criador de super-heróis Stan Lee colocou o Surfista Prateado entre seus preferidos. Embora a história épica da origem do Surfista cruze galáxias e transcenda o tempo, é sua humanidade que o torna único.

Ex Machina, de Brian Vaughn e Tony Harris

Esta história pós-11 de Setembro explora a ética, os conflitos e os princípios que fazem parte de ser um super-herói, sem falar na política.

Batman: Guerra ao Crime, de Paul Dini e Alex Ross

Os momentos mais obscuros são uma encruzilhada entre fortalecimento pessoal criativo e completa aniquilação pessoal.

O que Aconteceu ao Homem de Aço?, de Alan Morre e Curt Swan

O que poderia ter destruído o maior super-herói do mundo, o Super-Homem? Sua única vulnerabilidade, a kriptonita? Seu arqui-inimigo Lex Luthor? Ou o mais perigoso de tudo — seu próprio ego?

X-Men: A saga da Fênix Negra, de Chris Claremont, com Dave Cockrum e John Byrne

Os verdadeiros super-heróis transcendem sua forma física. Não apenas acessam o campo do infinito poder e consciência; tornam-se ele.

Hulk Contra o Mundo, de Greg Pak e John Romita Jr.

Empatia e amor têm o poder de povoar planetas. A vingança destrói galáxias.

O Invencível Homem de Ferro, de Matt Fraction, com Salvador Larroca

Em um mundo tomado por corrupção e conflito, a criatividade é a maior arma.

Homem-Aranha: A Última Caçada de Kraven, de J. M. DeMatteis e Mike Zeck

Não são os papéis que um super-herói interpreta que o definem; é o ator sob o traje que veste que o torna um super-herói.

A Morte do Capitão Marvel, de Jim Starlin

Irônico como é a humanidade de um super-herói diante da mais mortal das mortes que realmente define o seu maior superpoder.

All-Star Superman, de Grant Morrison, com Frank Quietly

Ninguém conhece consciência quântica tão bem quanto o Super-Homem.

Estranho, de J. Michael Straczynski e Samm Barnes

A linha entre ciência e feitiçaria é mais tênue do que você pensa.

As 7 leis espirituais dos super-heróis
foi impresso em São Paulo/SP pela Aquarius Gráfica e Editora,
para a Editora Lafonte Ltda., em maio de 2012.